LE STRESS INTELLIGENT

ou l'intelligence sensible

Photo de couverture : FDFH

ISBN : 2-910157-63-6

COLLECTION DEMOS DÉVELOPPEMENT PERSONNEL

LE STRESS INTELLIGENT

ou l'intelligence sensible

Christiane Donati

À ceux qui m'ont aidée à me faire confiance :
Flavio, Geneviève, Faby, Pierre et les autres…

Sommaire

Introduction

Il y a mille et un chemins possibles pour qui souhaite apprendre à conduire sa vie de façon plus satisfaisante. Le plus souvent, on essaie de trouver les mots, d'utiliser les notions qui aident à désigner et comprendre ce qui se passe. On essaie aussi, par un retour réflexif (pas toujours facile) sur soi, de mieux se connaître afin de modifier ses façons d'agir et de réagir.

Regard objectif et regard subjectif sont donc fortement liés.

C'est ce double point de vue qui est offert dans cet ouvrage à ceux et celles qui veulent progresser dans leur confrontation ou parfois leur empoignade quotidienne avec le stress.

Les cinq grands chapitres qui composent *Le Stress intelligent* se présentent divisés en deux parties bien distinctes.

En premier, chaque chapitre présente l'abord théorique du stress qui reprend l'essentiel des concepts apparus au cours des innombrables recherches développées sur la question. La compréhension théorique éclaire et oriente la lecture des situations rencontrées et met en lumière la logique des propositions de la seconde partie. Elle ouvre sur une confrontation immédiate et fertile des savoirs conceptuels à l'expérience de terrain.

En seconde partie de chaque chapitre, l'approche est beaucoup plus pratique ; elle s'appuie sur des exercices, des tests d'auto-évaluation, des exemples ou des propositions de réflexion guidée, qui ont pour ambition d'offrir une approche plus subjective de la question.

Une exploration guidée du vécu subjectif des situations stressantes permet à chaque lecteur de progresser dans la connaissance de ses propres mécanismes de stress et, s'il le souhaite, de s'engager dans des pratiques antistress dont il comprend et accepte la logique.

Cette alternance proposée entre travail théorique et approche pratique n'est pas un simple artifice de présentation. Elle est, en effet, en profonde cohérence avec un principe clé du management efficace du stress, à savoir l'instauration d'une alternance délibérée entre des moments d'intense travail réflexif et la trêve salutaire de pauses relaxantes.

Cette alternance des savoirs reproduit par ailleurs assez fidèlement notre parcours d'apprentissage.

Nos connaissances théoriques sur le stress ont été acquises au cours de précieuses heures de lecture, par la poursuite heureuse d'un cursus universitaire (tardif) et par la participation active à de nombreux groupes d'étude et de réflexion, dont le groupe de recherche en psychosomatique animé par le professeur Jean-Benjamin Stora.

Nos savoir-faire ont été acquis sur le terrain, par quinze années d'engagement direct dans la vie de l'entreprise, suivies de quinze années d'engagement dans la relation d'aide et de conseil.

Enfin, l'approche personnelle s'est affinée et approfondie au cours d'un travail thérapeutique, longue exploration psychanalytique d'abord, complétée par l'approche psychocorporelle du Dr Roger Vittoz, ensuite.

Le Stress intelligent défend l'idée que le stress est avant tout un phénomène d'une grande intelligence, un serviteur loyal, bien que parfois trop zélé, de la vie. L'*approche historique*, la *surtaxe subjective*, le *biostress*, les *modérateurs* et le *confort actif* se sont donné pour but d'en faire comprendre et apprécier les rouages infiniment subtils.

Chapitre premier

Approche historico-géographique

I • Histoire du mot

Avec son accumulation de consonnes, son unique voyelle, le mot « stress » constitue, pour le francophone moyen, une sorte de coup de poing vocal qui vient rythmer le récit, aussi souvent répété qu'entendu, de nos tensions et préoccupations quotidiennes. Comme un refrain à la mode, il vole de bouche à oreille, traverse les bureaux, rôde dans les couloirs. Il rebondit dans les ateliers, se faufile dans les austères salles de conseil, s'épanouit dans les métros bondés et les embouteillages. Comme un phénomène de mode qui cependant ne se démoderait pas, il vient régulièrement s'exposer en majuscules tapageuses sur la couverture des magazines les plus sérieux, *L'Express*, *Le Nouvel Observateur* ou *Capital*.

Malgré son petit air emprunté au vocabulaire anglais mondialisé du XXe siècle, c'est un mot que l'on trouve dans l'ancien français du XIIIe siècle, où on l'appelait *destrece*, ce qui a donné *détresse*, ou dans le mot *estresse* : étroitesse, oppression, lui-même issu du latin *stringere* qui signifie serrer, resserrer.

C'est au XIVe siècle que le mot, peu soucieux des barrières linguistiques, saute par-dessus la Manche. La notion de stress est alors utilisée par les Anglais dans le sens d'« affliction, malheur, difficulté, adversité » (nous conseillons à ceux de nos lecteurs qui s'intéressent aux subtils détours du cheminement historico-géographique du mot de consulter l'entrée « stress » du *Dictionnaire historique de la langue française*, dans la série des dictionnaires Le Robert).

Par la suite, le même mot a été adopté par ces scientifiques très sérieux que sont les physiciens, qui n'ont pas hésité à lui faire franchir la barrière des disciplines. Ainsi le stress quitte le domaine fragile de la souffrance humaine pour prendre sa dimension de concept solidement établi dans l'espace des choses concrètes. Il désigne alors « la force intérieure produite dans un corps par toute force qui tend à déformer ce corps » (Paulhan et Bourgeois, dans *Stress et Coping*, Presses Universitaires de France). C'est très précisément dans ce passage de la psychologie à la physique (et réciproquement de la physique à la psychologie), dans cet aller-retour toujours ouvert entre le monde impalpable des phénomènes psychiques et l'univers des choses palpables, que réside l'immense richesse et la vitalité pas encore démentie du concept de stress.

Et c'est très précisément le choix que nous proposerons dans les chapitres qui suivent, en privilégiant la compréhension du stress autant dans sa dimension psychique que dans sa dimension corporelle, ces deux niveaux de connaissance nous semblant aussi indispensables l'un que l'autre. Comme Arlequin serviteur de deux maîtres, le stress est à la fois au service de l'esprit et au service du corps.

Cette double approche se confirmera logiquement dans les niveaux d'analyse qui seront proposés à ceux des lecteurs qui souhaitent continuer, avec cet ouvrage, ce lent et patient travail indispensable pour repérer, comprendre, élucider, et chercher à apprivoiser leur propre stress.

Ce double point de vue se maintiendra enfin dans la présentation de moyens tant individuels que collectifs pour agir avec efficacité face aux innombrables stress de la vie professionnelle.

Aspects multiples de la notion, cas de stress n° 1

Aussi, délibérément, nous n'avons pas choisi pour première illustration l'exploration classique du psychisme survolté d'un cadre de 40 ans malmené par les péripéties de son parcours professionnel. Bien au contraire, en proposant l'examen des réactions face au stress d'une toute simple et banale étagère de bois, nous affirmons qu'il est important de prendre en compte les manifestations physiques bien concrètes du stress. Pour faciliter la lisibilité de l'exemple, et aussi parce qu'il s'agit d'une expérience largement partagée, nous supposerons une étagère de type « amateur », c'est-à-dire construite par un bricoleur novice, lequel se montre plus souvent prompt à agir qu'à réfléchir.

Pour une étagère, le stress est constitué par le poids des objets, des livres par exemple, qu'elle doit (et devra) imperturbablement porter. Selon la définition, son stress est la force intérieure produite dans le corps de l'étagère par une force extérieure (en l'occurrence le poids des livres supportés) qui tend à la déformer.

Si le nombre et le poids des livres posés sur elle demeure modeste, c'est-à-dire adapté aux capacités de résistance du bois, tout va bien, l'étagère reste imperturbable, et le bricoleur peut légitimement se montrer fier de son ouvrage.

Toutefois, dès que le poids s'intensifie, dépasse les capacités d'absorption du bois, on peut alors voir l'étagère ployer, s'affaiblir, commencer à se déformer.
La déformation du bois reste encore réversible, et le bricoleur attentionné peut rétablir la situation, soit en allégeant tout simplement la charge des livres, soit en la répartissant différemment, soit encore en inventant un moyen d'améliorer la capacité de résistance du bois.
Dans les cas où, le maître des étagères se montrant moins attentionné, la charge est maintenue, voire inexorablement augmentée, la déformation au fil du temps devient irréversible. Le bois ne pourra plus jamais retrouver sa belle rectitude originelle. L'étagère affichera désormais les effets du stress qu'elle subit.
Et si, malgré ces signes évidents de fragilité, le maître indifférent augmente encore la charge supportée, le risque est grand de voir alors l'étagère, complètement débordée, en fin de compte s'effondrer.

En un mot très bref, « craquer ».

Certains lecteurs pourront considérer avec réticence l'équation « homme stressé = étagère de bois surchargée », et juger que l'idée même de la comparaison est fâcheuse. Leur réticence est tout à fait admissible, notamment en ce qui concerne l'implication de l'étagère comparée à celle de l'être humain, dans le stress et l'intensité du stress qui est subi.
De même, ne sont comparables ni le nombre ni la diversité des actions qu'il est possible de mener pour sortir de la situation stressante. Enfin, il est tout à fait vraisemblable, et c'est même sans doute souhaitable, que l'espace de liberté, l'espace de choix, classiquement dévolu à l'être humain soit sans commune mesure avec l'espace de liberté d'une simple étagère inanimée.
Finalement, nombreux sont ceux qui pensent, et c'est une opinion que nous partageons volontiers, qu'un être humain, pour sortir d'une situation de stress, possède plus de cordes à son arc qu'une modeste étagère de bois.

Toutefois, et malgré ces réserves mentales, nous restons persuadés que cette comparaison, pour imparfaite qu'elle soit, garde toute son utilité car elle met en évidence le caractère physique, terriblement concret, des méfaits de trop de stress. Elle souligne aussi l'importance de savoir repérer à temps puis de tenir compte de la signification de ses signes afin de prévenir une évolution irréversible de ses effets. C'est donc pour ces deux raisons que nous avons choisi cet exemple.
Toute ressemblance avec le stress, et l'attitude face au stress de personnages existants, connus ou inconnus pourra, et même devra, être considérée comme absolument délibérée.

RETOUR AU CORPS HUMAIN

En 1910, le mot stress est retrouvé dans l'univers médical, plus précisément chez un chercheur américain nommé Osler (cité par Paulhan et Bourgeois). Alerté par la trop grande fréquence de cas d'angine de poitrine dans une population de juifs immigrés installés aux États-Unis, Osler s'est interrogé sur les causes de cette anomalie. Une enquête rigoureuse lui a permis de constater que cette pathologie concernait un groupe d'hommes qui subissaient des conditions de travail particulièrement intenses et difficiles. C'est ainsi que grâce au questionnement et à la réflexion de cet auteur, un premier lien a pu formellement être posé entre la rudesse d'une situation professionnelle, l'effet stressant de ces mauvaises conditions sur les humains qui y sont exposés, et les conséquences en termes de maladie grave qui en résultent.
L'idée, scientifiquement argumentée, d'un stress professionnel aux effets désastreux sur la santé, présente et future, du personnel faisait une première apparition.

Ce très rapide survol historique de la notion ne peut accepter de faire l'impasse sur la découverte du grand biologiste français, Claude Bernard (en 1878), lors de ses expériences concernant la permanence du taux de glycémie dans le sang. Claude Bernard a mis en évidence le rôle essentiel que le maintien de ce qu'il a nommé « la fixité du milieu intérieur » joue pour la survie des êtres vivants. Cela signifie que les propriétés physiologiques d'un certain nombre d'éléments doivent absolument se maintenir à l'intérieur de limites au-delà desquelles la vie de l'individu est en danger, et cela, quelles que soient les modifications que subit son environnement. Ces éléments concernent les fonctions dont aucun sujet ne peut, sans risques, faire l'économie : la permanence et la qualité de l'alimentation en oxygène, la permanence et la qualité de la circulation sanguine, le bon approvisionnement en éléments nutritifs, le maintien de la température corporelle, etc.
Pour Claude Bernard, cette notion de fixité du milieu intérieur était tellement importante qu'elle constituait la condition *sine qua non* « d'une vie libre et indépendante ».

Un peu plus tard, en 1926, ce concept de fixité du milieu intérieur a été repris et complété par le physiologiste américain W. B. Cannon, sous la formule désormais classique d'« homéostasie », qui correspond au maintien d'un équilibre optimal entre un organisme et son environnement. Cette capacité de l'organisme à maintenir la constance de son milieu intérieur, quelles que soient les variations du milieu extérieur, est considérée comme un phénomène des plus favorables à la survie d'un individu et d'une espèce. Elle repose sur une série de régulations qui sont orchestrées conjointement par le système nerveux autonome et par le système hormonal.

Ce sont des processus physiques complexes qui permettent le maintien d'un fonctionnement harmonieux des différents organes du corps humain. Ils démontrent une capacité adaptative qui est une merveille de finesse et de précision.

Toutefois, cette belle mécanique a ses limites, et lorsque les contraintes que le milieu extérieur fait peser sur l'organisme dépassent ces limites, les mécanismes de régulation sont alors débordés et ne peuvent plus assurer leur fonction vitale. Tout le problème consiste alors à définir avec précision les limites au-delà desquelles le sujet humain est mis en danger.
Dans les cas de stress extrêmes tels que privation prolongée de nourriture, exposition à un froid intense, survenue d'hémorragies brutales, déshydratation, il est assez facile d'appréhender clairement les risques encourus. Ils délimitent sans ambiguïté les zones de danger.
Plus pernicieux sont les effets de situations de stress relativement modérés, dont la banalité et la multiplication quotidienne nous font oublier le potentiel de danger. Leur capacité de nuisance est peut-être d'autant plus grande qu'elle est masquée par des limites plus difficiles à percevoir.

Pour Walter B. Cannon, la réaction au stress s'interprète en termes quasi guerriers, où le stress représenterait l'agresseur tandis que le sujet soumis au stress serait la victime de l'agression. Face à ce genre d'attaque, le sujet ne disposerait que d'un registre somme toute assez limité de réponses possibles. Cannon est ainsi à l'origine d'un modèle comportemental parfaitement binaire de réponse à un stress, modèle bien connu sous le nom de « fight or flight », « combattre ou fuir », et popularisé en France par les travaux et les ouvrages de chercheurs tel Henri Laborit.
Rapporté à l'entreprise, ce modèle suppose que face à une situation stressante, mettant en jeu par exemple un collaborateur, un hiérarchique ou un client, seulement deux attitudes, aussi extrêmes l'une que l'autre, seraient possibles : soit l'affrontement direct, le conflit pur et dur, soit au contraire la soumission au plus fort, ou encore la fuite, la démission pure et simple.

Ce modèle comportemental assez archaïque d'explication des phénomènes de stress a depuis été souvent discuté. On peut lui reprocher de présenter l'être humain comme un animal peu évolué, soumis face à un stress, aux seules impulsions instinctuelles que sont l'attaque ou la fuite. Ce modèle ne rend donc pas compte de l'extraordinaire diversité des moyens inventés et mis en œuvre, dans l'entreprise comme dans la vie privée, pour faire face aux multiples sollicitations quotidiennes. La valeur du modèle tient cependant dans le fait qu'il rappelle sans équivoque le soubassement physiologique, animal, des réactions humaines de stress. Il nous oblige à nous souvenir que depuis l'homme des cavernes jusqu'à aujourd'hui, c'est le même mécanisme physiologique qui fournit le carburant de base de nos réactions. Derrière les comportements finement élaborés et nuancés du collaborateur le plus apparemment civilisé se cache l'archaïque force agissante d'un homme de Cro-Magnon. C'est d'ailleurs le conflit ou la fuite qui reviennent au premier plan lorsque les autres issues se révèlent impossibles ou inopérantes. Il suffit de voir les grands conflits qui déchirent régulièrement les entreprises lorsque les mécanismes plus fins de régulation des oppositions par la négociation ont montré leurs limites.

Le père du stress

C'est en 1936 que la fortune du mot stress fut finalement assurée grâce aux travaux d'un chercheur canadien originaire de Prague, Hans Selye, considéré unanimement comme le « père du stress ».

Ce savant, désormais célèbre, effectuait des recherches sur le fonctionnement hormonal. Il ne s'est intéressé au stress qu'accidentellement, poussé par l'aiguillon de résultats d'expérimentation qui paraissaient inexplicables. Le protocole expérimental consistait à injecter à des rats de laboratoire des extraits d'ovaires de bétail, puis à repérer, par des techniques anatomo-physiologistes (c'est-à-dire une méthode qui repose sur l'examen des cadavres, et qui implique de ce fait d'avoir préalablement fait périr les animaux) les effets de ces injections.

C'est dans ce contexte que s'est faite la découverte majeure de Selye. Dans toute la population des rats soumis aux injections d'ovaires, trois types de réactions physiologiques, toujours les mêmes, étaient régulièrement constatées lors des autopsies. La question qui se posait alors au chercheur était d'expliquer l'immuable régularité de leur apparition. S'agissait-il d'un effet inattendu des injections d'extraits d'ovaires de bétail ? Et, dans ce cas, quels pouvaient en être les mécanismes de déclenchement ? S'agissait-il d'autre chose ? Et si oui, de quoi s'agissait-il, et de quels mécanismes ?
Selye a donc multiplié les expérimentations, et ces malheureuses bêtes ont subi des traitements que les ligues de protection des animaux réprouveraient, piqûres, abrasions, injections de substances nocives, expositions répétées au froid, au bruit, à des chocs électriques…

Chacune de ces agressions induisait une réaction en rapport avec la spécificité directe de l'agent agressant, les abrasions entraînaient des plaies, les chocs électriques des brûlures, les injections de produits plus ou moins purifiés donnaient des abcès ou des inflammations, et ainsi de suite. Jusque-là, *nihil novi sub sole*, le constat restait conforme à l'expérience que tout être humain a bien été forcé d'intégrer dans sa tendre enfance : si on tombe, on s'écorche les coudes ou les genoux, si on touche une flamme ou quelque chose de trop chaud, on se brûle, si on porte des chaussures trop étroites, on a des ampoules, si on va dehors en hiver sans manteau, on a froid, etc. Chacun de ces mini-accidents quotidiens appelle une réaction bien classiquement spécifique.

II • Des réactions non spécifiques

Le grand mérite du travail de Selye a été de démontrer sans équivoque la constance d'apparition de réactions absolument « non spécifiques », c'est-à-dire qui n'avaient rien à voir avec les qualités (si l'on peut ainsi parler) de l'agent agressant.

Il a pu ainsi établir que l'ensemble de la population de rats ayant participé (le terme de participation n'implique pas nécessairement une part de décision volontaire de la part des rongeurs) à ses expérimentations a obstinément et invariablement présenté les réactions physiologiques suivantes :

- Hypertrophie et hyperactivité de l'écorce (comme pour les arbres, c'est ainsi qu'on appelle la partie périphérique) des glandes surrénales qui sont des glandes situées au-dessus des reins. Elles sont appelées des glandes endocrines car c'est à l'intérieur du corps humain, dans le flux sanguin, qu'elles sécrètent et déversent leurs substances, les hormones.
- Atrophie et hémorragie d'organes tels que le thymus, la rate, les ganglions lymphatiques (organes fortement impliqués dans les réactions immunitaires).
- Ulcérations profondes, accompagnées de saignements, de l'estomac et de la partie supérieure des intestins.

Ce qui frappe donc dans la découverte de Selye, en opposition à des blessures dont la spécificité permet, par un raisonnement déductif quasi policier, de remonter jusqu'à la cause présumée, c'est le caractère à la fois stéréotypé et non spécifique des altérations constatées, ce qui brouille totalement les pistes du raisonnement causal. Les altérations « non spécifiques » ne permettent en aucune manière de reconnaître la nature de l'agent qui les a causées.

Les chercheurs ont puisé dans leur créativité (qui est plus que foisonnante) afin de sophistiquer les manipulations, raffiner les supplices, multiplier les formes d'agression. Selye parle d'injection d'huile de croton, d'injection d'extraits glandulaires mal purifiés, d'anoxie (privation d'oxygène), de fractures délibérées, de soumission à des radiations et autres douceurs. Quelles qu'aient été les modifications apportées aux agents agressifs, on dira plus tard les stresseurs, les trois réactions physiologiques citées ci-dessus sont demeurées obstinément les mêmes.

L'intuition désormais célèbre de Selye a été d'attribuer ces modifications non spécifiques au « stress » subi par les rats soumis à ces expérimentations. Le stress, comme « réponse de l'organisme consécutive à toute demande ou sollicitation exercée sur cet organisme » était né officiellement.
Delay, un autre biologiste impliqué après Selye dans le même type de recherches, a précisé la notion en parlant « d'un état de tension aigu de l'organisme obligé de mobiliser ses défenses pour faire face à une situation menaçante » (rubrique « stress » du *Grand dictionnaire de la psychologie*, Larousse).

Ces symptômes a-spécifiques ont été par la suite appelés *Syndrome Général d'Adaptation*. D'emblée, la valeur éminemment adaptative de la réaction de stress était mise en avant. Le Syndrome Général d'Adaptation est la marque indubitable des efforts de l'organisme pour assurer, face aux exigences excessives de l'environnement, la sauvegarde de l'homéostasie.

La réaction de stress s'affirme donc comme étant fondamentalement au service de la vie.

Cette réaction physiologique n'est pas homogène sur la durée. Elle présente des modifications temporelles très nettes, avec trois étapes qui se différencient facilement. Comme une valse, le Syndrome Général d'Adaptation se déroule en effet sur un rythme à trois temps.

III • Les trois temps de la réaction de stress

PHASE D'ALARME

Comme l'appui du pied au sol dans le premier temps de la valse, il s'agit d'une réaction intense et de courte durée. La phase d'alerte donne l'élan corporel. Elle initie la réponse physiologique au stress. Sous la commande parfaitement dictatoriale du système neuro-végétatif, l'organisme mobilise en urgence ses ressources physiques pour une réaction comportementale qui pourra être de type attaque, défense ou fuite. Très concrètement, on constate alors que l'irrigation sanguine se diversifie, le rythme cardiaque s'accélère, l'acuité visuelle à distance s'améliore, la fréquence et l'amplitude respiratoire se modifient. Nous verrons dans un chapitre ultérieur le mécanisme détaillé de ces réactions.

Pendant cette phase d'alarme (ou d'éveil), on peut observer une mise en tension des facultés psychiques d'attention et de concentration qui vont faciliter l'appréhension des différentes composantes de la situation. On peut aussi observer des réactions émotionnelles plus ou moins intenses d'inquiétude, de trac, de colère. Lorsque l'intensité de ces réactions demeure modérée, cela facilite la mise en place de réponses adaptées à la situation. On est en présence de la version positive du stress au service de la vie.

Si l'intensité des réactions de colère ou d'inquiétude augmente fortement, on voit alors surgir des comportements complètement disproportionnés et souvent inefficaces. Il en est ainsi des réactions de panique. De véritables attaques de panique peuvent, en effet, résulter d'une combinaison malheureuse d'hyper-concentration sur le danger et de sentiment excessif de frayeur, comme si, pendant ce bref laps de temps, toutes les autres facultés d'analyse et de discernement étaient annihilées. Cette sidération des facultés mentales du sujet souligne la version négative du stress lorsqu'il s'oppose carrément au service de la vie.

L'adaptation

Comme dans la comparaison avec la danse, le corps perpétue et affine l'élan donné par le temps 1.
Voyons l'exemple d'un bruit soudain. La première réponse, celle du temps 1, est l'alerte, la tête se redresse, tous les sens sont en éveil — « qu'est-ce que c'est ? de quoi s'agit-il ? » —, la capacité d'attention est entièrement absorbée par le bruit, le travail psychique consiste à en identifier l'origine et la signification, et à discerner la part de danger qu'il peut représenter.
C'est lorsque le bruit persiste que va apparaître la phase 2, dite d'adaptation. Imaginons une situation banale, le sujet de l'expérience (vous lecteur, ou moi) est en train de travailler dans son bureau lorsque soudainement des travaux de voirie fort bruyants commencent dans la rue en bas de l'immeuble. L'invasion sonore est brutale, inopportune et carrément insupportable.
Alors que va-t-il se passer ? Quelle peut être l'issue ?
Faire cesser le bruit ?

Compte tenu des limites de notre pouvoir de négociation avec les édiles locaux, c'est une solution qui semble bien peu réalisable.
Et il apparaît tout aussi difficile de tenter d'en atténuer la force sonore.
Fuir ?
Hélas, quitter le poste de travail jusqu'à la fin de la nuisance, peut difficilement être considéré comme une idée vraiment envisageable.
Finalement, comme le malheureux sujet de l'expérience ne peut ni échapper au stresseur par une fuite salutaire, ni le pulvériser radicalement, il ne lui reste pas beaucoup d'autre choix que s'adapter.
S'accommoder ?
L'oreille va alors effectuer un véritable travail d'ajustement, une sorte de tri, qui permettra une atténuation notable de la perception sonore. Ce processus psychique d'habituation permettra à l'attention de ne plus se focaliser sur le traitement de la nuisance sonore, et de se réorienter sur une autre tâche.
Cette capacité d'adaptation, cette belle plasticité du fonctionnement humain confronté à la nécessité de faire face à un stress est une expérience dont tout un chacun a pu, au fil de sa vie, acquérir la connaissance intime.

Cependant, pour les scientifiques, l'appel à la connaissance intime n'est pas toujours unanimement considéré comme une base bien fiable de connaissance. Voyons alors comment la psychologie expérimentale a su mettre en évidence ce temps d'adaptation.
L'approche scientifique comportementaliste du XXe siècle, qui se méfiait comme de la peste des connaissances intimes — éprouver n'est pas prouver —, a imposé une objectivation des phénomènes soumis à sa réflexion. Ce sont donc, une fois de plus, les expérimentations animales qui ont permis d'une manière plus objective de mettre en évidence cette deuxième étape de la réaction de stress. Des rats, encore eux, ont été à cette fin, exposés à un froid extrême, c'est-à-dire enfermés dans une chambre froide. Après la phase d'alerte, les chercheurs ont vu les rats s'adapter à leurs nouvelles conditions de vie : ils réussissent à survivre dans cet univers sibérien. Leur organisme résiste. S'ils ont maigri lors de la phase d'alerte, ils vont reprendre du poids, démontrant ainsi l'existence de cette phase d'adaptation.

Du point de vue psychologique, la phase de résistance s'accompagne, chez les humains confrontés à un stress, d'une élaboration psychique qui débouche sur un apaisement des tensions émotionnelles. Elle s'appuie sur la mise en œuvre des défenses psychiques, comme une forme de travail de mise à distance, de relativisation du danger intériorisé.

LE DOUBLE DESTIN DU TROISIÈME TEMPS

Dans les cas favorables, la situation de stress est surmontée. Cela suppose que le sujet a pu imaginer et appliquer des solutions satisfaisantes aux problèmes qu'il a rencontrés. Ou bien cela suppose qu'il s'est satisfait des solutions qui ont été apportées. On constate alors le retour à un repos bien mérité, avec récupération par l'organisme des forces dépensées pendant l'épisode de stress.

Dans les cas moins favorables, lorsque le stress perdure, ou lorsqu'un nouveau stress vient inopportunément resolliciter l'organisme, ou lorsque le stress est bien trop lourd pour les capacités de réactions du sujet, on assiste à l'installation de la phase dite d'épuisement.

Dans l'exemple que nous donnions de ces malheureux rongeurs soumis trop longtemps (plusieurs mois) à un froid extrême, la capacité de résistance au froid s'émousse, et petit à petit disparaît. Après plusieurs mois de ce régime sans douceur, les rats se montrent épuisés. Leur organisme a dépensé toute l'énergie dont il pouvait disposer pour faire face positivement à cette situation extrême. En conséquence, si rien ne vient modifier les caractéristiques traumatisantes de l'environnement, l'issue sera fatale.

Dans l'exemple, qui nous est peut-être plus proche, d'un stress sonore, la poursuite de l'exposition à un bruit excessif peut se traduire au niveau physiologique par une baisse de l'acuité auditive, baisse qui peut se révéler irréversible. Cette surexposition au bruit peut, dans le même temps, entraîner des réactions psychologiques négatives, augmentation de l'irritabilité, apparition de troubles de l'humeur, perte de la capacité de concentration, insomnies multiples.

IV • Les stresseurs

Les travaux de Selye ont débouché sur une exploration très ouverte de la notion de stress et de stresseur. Aujourd'hui, nous savons que les agresseurs ne sont plus seulement des agresseurs physiques ou chimiques mais aussi toute situation qui demande à l'appareil psychique un effort et un travail d'adaptation. Les agents de stress d'ordre psychologique peuvent aussi bien être constitués par des situations pénibles, négatives, telles que la perte d'un conjoint, un échec professionnel, un problème financier difficile à résoudre, que par des situations bien plus heureuses *a priori*, telles que l'attente d'un enfant, le mariage ou la nomination à un poste supérieur. Ce sont d'abord les conséquences traumatiques d'événements graves, importants, voire exceptionnels qui ont attiré l'attention des chercheurs, puis ils se sont intéressés à l'incroyable capacité de nuisance des petits et moyens stress cumulés que la vie quotidienne et l'univers professionnel proposent avec une généreuse abondance.

Auto-évaluation

• Fiche 1 : Quelle est votre capacité d'autodiagnostic du stress ?

Résumé

Il s'agit d'un questionnaire explorant votre plus ou moins grande sensibilité à différents signes physiologiques de manifestation du stress.

Objectifs

- estimer votre capacité d'autodiagnostic de l'état de stress ;
- explorer vos propres réactions physiologiques face au stress ;
- augmenter vos compétences pour mieux faire face au stress.

Déroulement

Répondez, NON, PAS ASSEZ, ou OUI, en fonction de votre propre estimation, aux questions de ce premier test :

Q 1 : Estimez-vous que vous savez facilement repérer l'état de détente, de tension ou de crispation de vos mâchoires ?

....

Q 2 : Avez-vous l'habitude de repérer l'état de tension ou de détente de vos épaules ou de votre nuque ?

....

Q 3 : Pensez-vous être attentif au fonctionnement habituel de votre système digestif (estomac, intestins, foie) ?

....

Q 4 : Êtes-vous souvent conscient de votre rythme respiratoire ?

....

Q 5 : Êtes-vous facilement conscient de l'amplitude de votre respiration ?

....

Q 6 : Êtes-vous sensible à la qualité ainsi qu'à la quantité de votre sommeil ?

....

Q 7 : Prenez-vous régulièrement le temps de vous occuper du bon (ou du plus ou moins mauvais) état de votre corps ?

....

Q 8 : Avez-vous facilement conscience de votre tonus corporel et de ses variations ?

....

Q 9 : Avez-vous facilement conscience des variations dans vos habitudes alimentaires, augmentation ou diminution de l'appétit, appétence pour le sucré, fringales soudaines, etc. ?

....

Q 10 : Vous est-il facile de repérer et de déchiffrer les multiples signaux d'alerte que votre corps vous transmet ?

....

• Résultats du test

Comptabilisez le nombre de NON, de PAS ASSEZ et de OUI.

Vous totalisez une majorité de NON

Jusqu'à présent, vous semblez ne pas avoir appris à détecter et à déchiffrer certains des messages que votre corps émet. Et pourtant, ces messages présentent une grande utilité informative.

Si vous souhaitez combattre efficacement les excès de stress dans votre vie, il vaudrait mieux ne pas vous priver de ces précieuses informations. C'est en effet dommage de négliger l'ampleur et la subtilité de la gamme de vos signaux corporels de stress et de détresse.

Vous avez vraisemblablement déjà réfléchi aux différentes raisons pour lesquelles vous accordez une place apparemment si modeste à vos sensations corporelles.

Il existe à cela un grand nombre d'explications. Nous vous en proposons quelques-unes :

- Peut-être avez-vous appris, pour des raisons qui touchent à votre histoire personnelle, à éprouver une certaine indifférence vis-à-vis de votre moi-corps.
- Peut-être faites-vous partie de ceux, nombreux, qui préfèrent attendre que se déclare une pathologie somatique grave pour éprouver vraiment l'envie de faire davantage attention.

- Peut-être vous sentez-vous fondamentalement en bonne santé et, du coup, peu intéressé par ce que vous considérez comme d'infimes variations de surface.
- Peut-être avez-vous appris que le corps est à la source de tous les péchés, et qu'il convient seulement de le maîtriser, de le contrôler, et qu'il ne convient surtout pas de l'écouter ou de le dorloter.
- Peut-être êtes-vous de ceux qui pensent que l'âme ou l'esprit sont seuls dignes de soins et d'attentions.
- Peut-être enfin pensez-vous que s'occuper de ces questions est un signe de faiblesse, voire d'hypochondrie.

Quelles que soient les raisons de vos réticences à prêter attention à ces messages corporels, celles qui sont évoquées ci-dessus ou d'autres plus complexes, nous ne pouvons que vous inciter à explorer plus avant le sens de vos réticences et pourquoi pas, petit à petit, apprendre à redonner à vos messages corporels toute leur irremplaçable valeur informative. Plus vous deviendrez un observateur averti de vos propres signaux corporels de stress, mieux vous comprendrez comment cela fonctionne, et plus vous serez à même de réagir avec rapidité et efficacité.
Les prochains chapitres devraient vous apporter des éclairages sur l'importance de ces signes et la signification qu'ils revêtent en matière de réaction à une situation stressante. Ils devraient vous permettre d'augmenter vos capacités d'autodiagnostic de stress.

Vous avez une majorité de PAS ASSEZ

Vous avez une conscience corporelle assez bien éveillée. Vos capacités d'autodiagnostic du stress sont plutôt bonnes. Vous ne craignez pas de recevoir et d'écouter les messages de votre moi-corps. Toutefois, vous regrettez de ne pas pouvoir leur accorder assez de place ou assez de temps. Le chapitre 3 théorique et le chapitre 3 pratique de ce livre vous aideront à mieux percevoir les signaux, notamment corporels, du stress, à mieux en déchiffrer le sens, en comprendre le pourquoi, et enfin à expérimenter quelques parades corporelles qui vous permettront de mieux faire face aux situations stressantes. Ceci vous aidera à affiner encore votre capacité d'autodiagnostic de stress.

Ce test pourra facilement être refait à la fin de votre lecture, et nous l'espérons, grâce aux explications fournies et aux entraînements proposés, vous aurez déjà augmenté le nombre de vos réponses OUI.

Vous avez une majorité de OUI

Vous avez une bonne conscience corporelle. Cela ne signifie certainement pas que vous êtes tout à fait immunisé contre les méfaits du stress (personne n'est immunisé), mais vous possédez des atouts valables pour mieux y faire face. Votre sensibilité aux signaux corporels vous informe plus rapidement de votre état et de votre niveau de stress. Plus la conscience corporelle est fine, et plus fiables sont les informations dont vous disposez sur vos réactions de stress. De ce fait, vous pouvez plus facilement ou plus rapidement effectuer les analyses et les démarches nécessaires à une meilleure gestion de celui-ci.

De plus, cette sensibilité corporelle plus affinée, plus éduquée, vous rend plus apte à intégrer et utiliser les multiples ressources de votre corps face au stress.

Les exercices corporels proposés ci-après vous seront très faciles d'accès et viendront enrichir une gamme personnelle vraisemblablement déjà conséquente.

• Fiche 2 : À quel point êtes-vous stressé ?

Résumé

Ce test explore différentes modalités comportementales, physiologiques ou psychiques d'expression du stress. Il s'inspire largement du travail de Patrick Légeron, théoricien cognitiviste du stress (1).

Objectifs

- mesurer votre degré de stress ;
- repérer quelles sont vos modalités préférentielles d'expression du stress.

Déroulement

Notez vos réponses aux questions suivantes selon la formule proposée ci-dessous :
si « c'est tout à fait moi » = 4 points
si « c'est plutôt moi » = 3 points
si « parfois, cela me ressemble, et parfois non » = 2 points
si « cela ne me ressemble pas vraiment » = 1 point
si « cela ne me ressemble pas du tout » = 0 point

1 ▪ Dans la vie quotidienne, je m'énerve beaucoup quand les choses me résistent :
nombre de points =

2 ▪ Dans un entretien, je n'ai pas la patience d'attendre que l'autre ait fini de parler, j'ai tout de suite compris ce qu'il voulait dire, et je termine ses phrases à sa place :
nombre de points =

3 ▪ J'ai des problèmes d'appétit, je mange trop ou pas assez ou trop sucré :
nombre de points =

4 ▪ Je fais tout très vite, manger, marcher, travailler, parler :
nombre de points =

5 ▪ Je suis plutôt impatient et irritable, et je m'énerve pour des riens :
nombre de points =

6 ▪ Je suis assez pessimiste, et je ne vois vraiment pas comment les choses pourraient s'améliorer :
nombre de points =

7 ▪ Je prends souvent des positions à l'impulsion, ce qui m'amène à changer fréquemment d'avis et me contredire assez facilement :
nombre de points =

(1) Cf. *Capital*, n° 117, juin 2001, p. 150 s.

8 ▪ Je n'arrive pas à me débarrasser d'un sentiment pesant de fatigue qui ne me quitte pas, même à la fin de mes congés :
nombre de points =

9 ▪ Je me mène durement (on dit que je suis dur au mal) et je pratique volontiers la méthode des coups de pieds au c., pour moi comme pour autrui :
nombre de points =

10 ▪ J'ai souvent du mal à m'endormir (ou bien je me réveille plusieurs fois dans la nuit) et le matin je ne me sens pas du tout reposé :
nombre de points =

11 ▪ Je ne suis jamais vraiment content de moi car je suis obnubilé par mes erreurs et mes imperfections :
nombre de points =

12 ▪ J'ai facilement mal à la tête (ou mal à l'estomac, ou mal au ventre) :
nombre de points =

13 ▪ Mon corps est souvent noué, tendu, les épaules crispées, les mâchoires serrées :
nombre de points =

14 ▪ Je n'éprouve plus beaucoup de plaisir à travailler :
nombre de points =

15 ▪ Je suis méfiant, soupçonneux, et n'ai confiance qu'en moi pour faire les choses correctement :
nombre de points =

16 ▪ Je suis capable de ruminer pendant des heures et des heures sur une erreur que j'ai commise :
nombre de points =

17 ▪ En ce moment, je consomme beaucoup de cigarettes (ou de café, ou beaucoup d'alcool) :
nombre de points =

18 ▪ Je trouve très difficile de me reposer ou de me laisser aller après le travail :
nombre de points =

Pour repérer votre niveau global de stress
Faites votre total de points =

• Analyse des résultats

1 ▪ Analyse globale

Vous avez un total compris entre 55 et 72

Vous êtes un véritable « accro » du stress, votre score total est bien trop élevé.

Vous êtes en train de puiser dans vos réserves qui ne sont pas illimitées. Vous êtes sans doute occupé et préoccupé par une phase de travail particulièrement intense et absorbante, mais faites particulièrement attention à ce que cela ne devienne pas votre mode de vie permanent, vous y perdriez votre santé et vous risqueriez peut-être aussi d'épuiser la patience de vos proches qui finiront par ne plus supporter votre impatience, votre humeur grognon et votre indisponibilité.

Attention à ne pas trop laisser se dégrader votre qualité de vie.

Il est temps de prendre des dispositions pour réfléchir à ce qui est essentiel pour vous et diminuer l'intensité de la pression que vous vous faites subir.

Vous avez un score compris entre 28 et 54

Vous êtes un pratiquant régulier du stress. Vous savez apparemment utiliser les effets positifs du stress comme carburant habituel de votre activité.

Cependant, il peut vous arriver d'être confronté à des situations où votre façon habituelle de bien vous en sortir s'avérerait insuffisante et laisserait trop de place aux effets négatifs du stress.

Vous avez donc beaucoup à gagner à affiner et améliorer encore vos capacités à faire face. C'est pourquoi, prendre un peu plus de recul, réfléchir à vos choix, assouplir vos façons de réagir, ne pourra que vous aider à améliorer votre efficacité et votre qualité de vie.

Vous avez un score compris entre 0 et 27

Vous êtes apparemment immunisé contre les effets négatifs du stress. Sans doute avez-vous reçu une éducation qui vous aide encore à vous sentir stable et en sécurité, quelles que soient les circonstances et les événements. Vous avez sans doute été aimé pour vous-même, encouragé à agir sans crainte des échecs, et soutenu dans vos tentatives d'exploration de l'inconnu.

Ou vous avez peut-être effectué tout un travail thérapeutique ou de coaching qui vous a aidé à trouver la juste distance par rapport aux événements rencontrés.

Ne craignez surtout pas de partager les secrets de votre savoir-faire avec vos proches.

2 ▪ Pour repérer votre modalité préférentielle d'expression du stress

Reportez vos points des pages 26 et 27 et additionnez vos scores dans les séries suivantes de questions.

série 1	série 2	série 3
1/=	3/=	6/=
2/=	8/=	11/=
4/=	10/=	14/=
5/=	12/=	15/=
7/=	13/=	16/=
9/=	17/=	18/=
total =	total =	total =

Repérez dans quelle série vous avez votre score maximum, et lisez les commentaires ci-dessous, correspondant à cette série de réponses.

La série 1 correspond aux impacts du stress sur votre comportement.

Si vous avez votre score maximum dans cette série, vous faites sans doute partie de ces personnes « hyper-actives » qui laissent le stress se manifester surtout dans leur façon impatiente d'agir au jour le jour et dans la brusquerie de leur relation aux autres.

Vous considérez peut-être toute situation qui vous fait perdre du temps comme un affront personnel.

Apprenez d'abord à prendre régulièrement conscience du rythme plus ou moins effréné que vous imprimez à tous les constituants de votre vie, respiration, marche, paroles, gestes. Considérez qu'il s'agit de votre signal d'alarme de trop de stress.

À chaque prise de conscience, ralentissez. Apprenez à respirer plus tranquillement, en allongeant peu à peu la durée de l'expiration, et en laissant l'inspiration petit à petit se faire plus ample. Goûtez l'air que vous respirez.

Apprenez à ralentir le rythme de votre marche. Prenez plaisir à poser un pied devant l'autre. Ne craignez pas de diminuer le rythme et le débit de vos paroles. Mangez en reposant tranquillement votre fourchette entre chaque bouchée. Prenez goût à ce que vous mangez et buvez.

Faites du temps votre allié et non un ennemi à terrasser.

La série 2 correspond à l'impact physique du stress.

Si vous avez un score maximum dans cette série, vous faites partie de cette catégorie de personnes qui réagissent préférentiellement de façon somatique en réponse aux situations stressantes. C'est principalement votre corps qui vous sert d'amplificateur personnel des signaux de stress.

À vous d'apprendre à écouter et déchiffrer les signaux qu'il vous envoie.

Il peut être très intéressant pour vous de mieux connaître les manifestations et les effets physiologiques du stress. Cela vous donnera des éléments concrets permettant de tracer les liens entre le stress et les atteintes somatiques (voir chapitre 3 théorique).
Muni de ces utiles informations, vous serez convaincu de la nécessité de prendre davantage soin de la santé de votre corps.
Aidez-vous à mieux dormir en pratiquant quotidiennement des exercices de relaxation (voir chapitre 3 pratique). Soyez compatissant avec votre estomac, ne le surchargez pas de nourriture industrielle, avalée en vitesse entre deux cigarettes.
Donnez-vous aussi le temps de réfléchir aux situations qui vous stressent. Ce temps de réflexion et de prise de recul est essentiel pour pondérer les effets physiques négatifs des situations stressantes. Ne craignez pas de vous faire aider dans l'exploration du problème posé en en discutant avec des proches.

La série 3 correspond aux implications affectives du stress.
Si vous avez votre score principal dans cette série, vous êtes quelqu'un qui réagit plutôt de manière « cérébrale ». Vous êtes doué pour vous faire « votre cinéma mental » en prédisant des catastrophes futures, en remâchant tristement quelques erreurs passées ou en pesant indéfiniment les pour et les contre d'une décision que vous n'arrivez pas à prendre.
Votre capacité de recul peut être favorablement améliorée, surtout si vous utilisez votre « compétence cérébrale » pour vous aider à mieux discerner l'essentiel de l'accessoire, le poids objectif des situations rencontrées de la surtaxe subjective que vous vous infligez.
Ne craignez pas de vous rappeler de temps en temps que vous avez (vous êtes) aussi un corps. Prenez-en soin. Il vous le rendra bien.

Questions et commentaires

Et que se passe-t-il pour celui ou celle qui présente des scores également trop forts dans toutes les séries ?
Considérez que vos différents niveaux de réponse à un stress, le niveau psychique, la dimension somatique ou l'expression comportementale sont déjà saturés de signaux d'alarme.
Alerte générale. C'est le moment de faire quelque chose. C'est même urgent. Continuez à lire ce livre !!! Arrêtez-vous particulièrement aux chapitres pratiques.

Pour aller plus loin

Lire :

- Christophe André, François Lelord, Patrick Légeron, *Le Stress*, Toulouse, Éditions Privat, Les Classiques Santé, 1998.
- Christophe André, Patrick Légeron, François Lelord, *La Gestion du stress*, Neuilly-Plaisance, Éditions Bernet-Danilo, 1998.
- Dominique Chalvin, *Faire face aux stress de la vie quotidienne*, Paris, Éditions ESF, 2e édition, 1985.

• Fiche 3 : Le stress, serviteur de deux maîtres

Résumé
Cet exercice propose une exploration des points positifs et des points négatifs dans chacun des temps du stress.

Objectifs
- rendre plus concrets ces trois temps ;
- s'entraîner à refléchir en termes positifs et négatifs ;
- enrichir le point de vue sur le stress.

Déroulement
Lisez attentivement la liste proposée ci-dessous des avantages et inconvénients de chacun des temps du stress.
Repérez ceux qui correspondent à ce que vous pensez.
Laissez-vous le temps de réfléchir à ceux qui vous déroutent, voire avec lesquels vous n'êtes pas du tout d'accord.
Ne craignez pas de saisir les occasions d'en discuter avec vos amis, vos collègues et collaborateurs, ou, pourquoi pas, avec votre conjoint.

Recherchez des éléments positifs ou négatifs que vous avez pu repérer à partir de votre propre expérience du stress et rajoutez-les à la liste proposée.

1 • Premier temps du stress

Avantages :

- *au point de vue cognitif :*
  - éveille la curiosité
  - mobilise l'attention
  - lance un défi
  - ....
- *au point de vue corporel :*
  - donne l'élan
  - mobilise l'énergie
  - met sur le qui-vive
  - met le corps en tonus d'action
  - ....
- *au point de vue émotionnel :*
  - donne de l'appétit

- donne envie d'agir
- donne envie de répondre à un défi
- ....

Inconvénients :

- *au point de vue cognitif :*
  - oblige à se décentrer de l'activité précédente
  - ....
- *au point de vue corporel :*
  - ne permet pas de rester assoupi
  - dérange le repos
  - ....
- *au point de vue émotionnel :*
  - rupture avec la tranquillité intérieure
  - trac
  - colère
  - inquiétude
  - ....

2 • Recherche des aspects positifs et négatifs du deuxième temps du stress

Aspects positifs :

- *au point de vue cognitif :*
  - mise en œuvre des capacités d'observation et de réflexion
  - mise en œuvre des capacités de créativité
  - mise en œuvre du plaisir d'analyser et de rechercher des solutions
  - ....
- *au point de vue physique :*
  - perception de sa propre force
  - dynamisme corporel
  - perception de sa capacité d'endurance
  - ....
- *au point de vue émotionnel :*
  - joie de faire face
  - joie de chercher (et de trouver) des solutions créatrices
  - excitation
  - implication
  - sentiment de maîtrise
  - confiance en soi
  - ....

Aspects négatifs :

- *au point de vue cognitif :*
  - l'attention a du mal à se mobiliser sur d'autres problèmes survenant en même temps
  - ....
- *au point de vue physique :*
  - une certaine énergie physique s'accumule et demande à être dépensée
  - ....
- *au point de vue émotionnel :*
  - détachement de tout ce qui n'est pas la situation de stress
  - ....

3 • Recherche des avantages et inconvénients du troisième temps du stress

Avantages :

- *au point de vue cognitif :*
  - bouclage de la tâche accomplie
  - décentration du problème surmonté et possibilité de passer à autre chose
  - augmentation générale des savoir-faire et des compétences à faire face
  - élargissement des capacités à analyser une situation
  - élargissement des capacités à trouver des solutions nouvelles satisfaisantes
  - ....
- *au point de vue physique :*
  - nécessité et bienfaits d'un repos bien gagné (repos du guerrier)
  - ....
- *au point de vue émotionnel :*

➢ si la situation a été surmontée positivement, sentiment de s'être dépassé
  - sentiment de bien mériter le repos enfin possible
  - augmentation du sentiment de ses propres capacités à faire face

➢ lorsque la situation stressante n'a pas été surmontée positivement
  - augmentation de la capacité à accepter les imperfections de ses performances, ou à relativiser l'importance de ses échecs
  - ....

Inconvénients :

- *au point de vue cognitif :*
  - fermeture à d'autres centres d'intérêts
  - réduction du champ des informations prises en compte
  - limitation de la capacité à accueillir des informations nouvelles et donc rigidification du point de vue dans l'analyse de la situation rencontrée
  - rigidification du point de vue dans la recherche de solutions
  - diminution des capacités inventives
  - survalorisation excessive de l'appréciation du nombre de situations d'échec rencontrées parallèlement à une diminution irréaliste de l'appréciation du nombre des succès
  - ....
- *au point de vue physique :*
  - épuisement des forces et des capacités de résistance
  - diminution des capacités immunitaires
  - augmentation de la vulnérabilité aux maladies somatiques
  - bouleversements des rythmes naturels sommeil/veille
  - modifications de l'appétit, affaiblissement du désir
  - difficulté à retrouver le chemin naturel du repos et de la détente
  - ....
- *au point de vue émotionnel (surtout quand la situation stressante n'a pas été surmontée comme souhaité) :*
  - présence d'un sentiment d'échec et diminution de la confiance en ses propres capacités à faire face
  - augmentation des tendances pessimistes (aussi bien dans la dépréciation de soi, la dépréciation des autres et des possibilités de changement à l'avenir)
  - augmentation de la vulnérabilité à la dépression
  - diminution de la joie de vivre
  - ....

Questions et suggestions

La réflexion, le questionnement ou la discussion sur ces différentes appréciations peuvent avantageusement être renouvelés à la fin de la lecture de notre ouvrage.
Le lecteur pourra certainement alors constater une modification dans sa façon de recevoir et de comprendre ces différentes affirmations.

• Fiche 4 : Tableau de Holmes et Rahe

Résumé

Le tableau ci-après est très connu. Il part de l'hypothèse qu'un grand nombre de maladies somatiques sont précédées de stress ou de vécus traumatiques graves. Il est le résultat de recherches américaines portant sur l'identification des stress (plus ou moins) majeurs vécus par les sujets de l'expérience dans la période précédant la survenue d'une maladie somatique.

Objectifs

- mesurer le poids respectif des éléments objectivement stressants survenus récemment dans votre vie ;
- faire un lien avec la survenue d'éventuelles maladies somatiques (voir chapitre 3 théorique).

Déroulement

Repérez, dans la collection suivante d'événements traumatisants identifiés, ceux que vous avez rencontrés au cours de l'année écoulée. Soulignez le score qui leur est associé.

Additionnez les scores correspondant à chacun de ceux que vous avez sélectionnés.

• Échelle de Holmes et Rahe

Score		***Événement***
100	:	décès du conjoint
75	:	divorce
65	:	séparation
63	:	peine de prison
63	:	mort d'un proche parent
53	:	accident ou maladie
50	:	mariage
47	:	renvoi du travail
45	:	réconciliation avec le conjoint
45	:	mise à la retraite
44	:	modification de la santé d'un membre de la famille
40	:	grossesse
39	:	problèmes sexuels
39	:	arrivée d'un nouveau membre dans la famille

39 : réajustement sur le plan des affaires
38 : modifications du statut financier
37 : mort d'un ami proche
36 : changement de service au travail
35 : modification du nombre de disputes avec le conjoint
31 : hypothèque importante
30 : forclusion d'une hypothèque ou d'un emprunt
29 : modification des responsabilités au travail
29 : fils ou fille quittant le domicile
29 : problème avec les beaux-parents
28 : réalisation personnelle exceptionnelle
26 : conjoint qui commence à ou qui arrête de travailler
26 : début ou fin d'année scolaire
25 : modification des conditions de vie
24 : révision des habitudes personnelles
23 : problèmes avec l'employeur
20 : modification des horaires ou des conditions de travail
20 : changement de domicile
20 : changement d'école
19 : changement dans les loisirs
19 : changement dans les activités de la paroisse
18 : changement dans les activités sociales
17 : hypothèque ou emprunt portant sur des petites sommes
16 : modifications des habitudes de sommeil
15 : modifications du nombre de réunions familiales
15 : modification des habitudes alimentaires
13 : vacances
12 : Noël
11 : délits mineurs

• Analyse des résultats

Si votre score personnel de stress vécus dépasse 300, vos « chances » (au sens malheureusement statistique) de présenter dans un avenir proche, une maladie somatique, sont très importantes.
Un score de 300 et plus suppose que vous avez eu à traverser une série de situations particulièrement pénibles et éprouvantes. Ne craignez donc pas de vous faire aider si c'est votre cas.

Ces chances diminuent en même temps que votre score total.
Toutefois, si votre score est compris entre 300 et 100, le risque que se déclenche une éventuelle maladie somatique demeure statistiquement significatif. Prenez soin de vous. Ce n'est pas la peine d'en rajouter.

En dessous de 100, le risque se révèle très peu important. La somme des stress rencontrés est trop peu importante pour ouvrir la voie à une maladie somatique. Peut-être faites-vous partie de ces personnes bienheureuses qui ont eu, ou se sont délibérément donné la chance (au sens heureux et non statistique du terme cette fois) de vivre une longue vie tranquille et sans à-coups.

• Quelques commentaires

Dans le tableau de Holmes et Rahe, chaque stress identifié est affublé d'un score de « dangerosité ». Ces scores ont été établis à partir de la moyenne des évaluations personnelles de gravité faites par les quelque 3000 sujets de l'expérience. Il ne convient pas de leur accorder une valeur mystérieusement absolue. Ce sont des appréciations subjectives, qui restent relatives au groupe bien particulier des sujets interrogés. Elles sont certainement sensibles à l'époque (1976) et au pays (USA) où cette recherche a été effectuée.
Vos appréciations sur l'importance et la valeur relative de chaque score pourraient donc légitimement se révéler un peu différentes.
Toutefois, même si des appréciations moyennes sur un groupe de sujets, par exemple français du XXIe siècle différaient quelque peu, cela ne nuirait en rien à l'intérêt de la démarche, qui consiste à se préoccuper de l'accumulation des stress vécus dans le passé récent d'un sujet, et l'influence de ceux-ci sur le risque encouru d'un déclenchement ultérieur de maladies somatiques.

Il se pourrait qu'aujourd'hui, en France, si le même travail d'enquête était renouvelé, le divorce se retrouve affecté d'un score plus important que le décès du conjoint. Bien des arguments iraient en ce sens. Même si la séparation par divorce n'a pas le caractère absolument et brutalement irrévocable du veuvage, certaines caractéristiques de ces séparations constituent un imbroglio de stress d'une intensité redoutable :

- atteinte narcissique grave pour celui qui se retrouve « abandonné » ;
- perte de la confiance en soi puisqu'on n'a pas su garder la personne à laquelle on tenait le plus ;

- perte de la capacité à avoir confiance en autrui ;
- culpabilité intense vis-à-vis du conjoint qu'on a « abandonné » ;
- perte ou détérioration des liens avec la famille (et les amis) du conjoint ;
- souvent, changement de lieu de résidence, changement de travail ;
- culpabilité intense vis-à-vis des enfants ;
- changements de scolarité, de copains, de loisirs pour ceux-ci ;
- diminution très nette des revenus du ménage ;
- conflits plus ou moins graves et durables concernant la garde des enfants ;
- conflits concernant la liquidation des biens de la communauté ;
- conflits concernant les éventuels versements de pension alimentaire.

Un autre élément bien classé dans les événements stressants se trouve être l'objet de vives discussions lors du travail en groupe autour de l'échelle de Rahe et Holmes. Il s'agit du mariage, qui se retrouve affecté d'un coefficient traumatique assez fort de 50. C'est un coefficient de dangerosité qui apparaît sacrément élevé aux yeux de tous ceux (et toutes celles) pour qui le mariage se présente comme un rêve, une aspiration légitime au bonheur. Beaucoup de personnes s'esclaffent dans un premier temps : « Quoi, le mariage vient tout juste après la séparation !!! ». Pour eux, rien ne justifie qu'il soit classé 7ᵉ dans le top 50 des situations de stress.
Après un premier moment de refus, la réflexion en commun vient suggérer une série d'arguments qui permettent de s'accorder sur le fait que le mariage représente bien une accumulation de changements à opérer, pour chacun des membres du couple. Changements auxquels il faudra bien faire face, s'adapter au mieux compte tenu des aspirations au bonheur qui sont en jeu. Et que tout cela correspond bien à une pelote redoutablement enchevêtrée de stress qui mérite une place d'honneur dans l'échelle d'impact des événements de vie.

La même discussion concerne les situations professionnelles, départ à la retraite ou changement de service, respectivement aux 10ᵉ et 18ᵉ places dans l'échelle d'impact de Holmes et Rahe.
Ces deux exemples illustrent très concrètement comment les changements, même lorsqu'ils sont positifs et ardemment attendus, représentent de véritables défis pour le sujet qui devra faire des tas d'efforts pour s'adapter aux nouvelles contraintes de sa situation.

Pour aller plus loin

Lire :

- Marilou Bruchon-Schweitzer et Robert Dantzer, *Introduction à la psychologie de la santé*, Paris, Presses Universitaires de France, 2e éd., 1998.

Chapitre II

Les effets de la surtaxe subjective

I • Retour à la définition du stress

Le premier chapitre a montré que le stress peut être défini comme l'état dans lequel se trouve un sujet qui doit « faire face » à une situation qu'il ressent, qu'il évalue comme étant potentiellement dangereuse.

Dans cette définition, il y a donc, en premier, une SITUATION, à laquelle le sujet doit ou devra se confronter. Cette situation peut être constituée de caractéristiques essentiellement physiques (exemple : prendre l'avion) ou essentiellement psychiques (exemple : parler en public), ou les deux (exemple : prendre l'avion juste après la catastrophe des Twin Towers). Cette situation, ou une partie de cette situation, est qualifiée de stresseur. Ce qui amène à se poser un certain nombre de questions.
Au nom de quels critères une situation quelconque peut-elle obtenir la qualification de stresseur ? Est-ce parce qu'elle est réellement dangereuse ou simplement supposée dangereuse ? Peut-on dire qu'elle est dangereuse pour tous de la même manière ? Et quel est celui qui, en définitive, détient le pouvoir de la désigner comme dangereuse ?

La définition du stress nécessite aussi la présence d'un SUJET, car sans sujet il n'y a plus de stress. Le sujet est supposé faire face, ou s'adapter, ou à tout le moins réagir, à une situation qui lui fait courir (ou du moins le croit-il) un danger, peu importe que ce danger soit d'ordre physique, intellectuel ou émotionnel. Cette place du sujet amène encore un certain nombre de questions :
Quelle est la part que prend le sujet dans la définition de la situation stressante ? Quelle est sa part dans l'évaluation du risque qui est encouru ? Dans les moyens qu'il pense avoir pour faire face ? Ou dans la définition des exigences de réussite qu'il se donne ?

Il y a enfin la notion d'ÉTAT, l'état de stress, que le sujet semble subir lorsqu'il est confronté à un stresseur. Ce point lui aussi mérite amplement d'être questionné, car il pourrait, bien à tort, laisser supposer que le sujet n'est en définitive qu'un récepteur totalement passif de l'état de stress.

Dans quelle mesure serait-il juste de penser que le sujet ne jouerait aucun rôle dans la définition ou l'appréciation du caractère dangereux de la situation qu'il subit ? Et dans le cas où l'on accepte l'idée que le sujet joue un rôle non négligeable, de quelle manière ses pensées, ses émotions, son histoire proche ou lointaine, ses motivations conscientes ou inconscientes, sa plus ou moins grande capacité de conscience corporelle, ont-elles le pouvoir d'influencer l'état de stress tel qu'il sera finalement ressenti ?

II • Notion d'évaluation

Patience, encore un peu d'histoire

La première étape des importants travaux de recherche sur le stress s'est concentrée sur la définition d'un stress ou d'un stresseur objectif, sur le modèle scientifique dit de « stimulus-réponse ». Dans ce modèle explicatif, de type mécaniste, une cause entraînant un effet, les réponses physiologiques aux stresseurs apparaissent terriblement stéréotypées, surgissant automatiquement quelle que soit la personne, quelles que soient ses qualités, son histoire ou son expérience. Le Syndrome Général d'Adaptation est posé comme une grande loi de la nature, et comme la Loi, il serait supposé s'appliquer à tous, uniformément, sans distinction. Le chapitre 3 montrera sans équivoque la traduction physiologique de cette Loi. Il s'attachera à expliquer comment chacun de nous, très concrètement, génère au plus intime de son corps les marques inéluctables du Syndrome Général d'Adaptation.

Dans ce chapitre, nous allons tout d'abord voir comment une grande part des premiers travaux sur le stress s'est logiquement tournée vers la recherche de méthodes d'évaluation objective du stress. L'attention des chercheurs s'est donc prioritairement portée sur les caractéristiques objectives des situations stressantes, leur fréquence, leur plus ou moins grande intensité et leur gravité. Ces recherches, portant sur une quantification standardisée des événements de vie, peuvent être schématiquement réparties en quatre grandes catégories, que l'on va voir ci-dessous.

La mesure des événements de vie

La mesure des événements de vie majeurs, (cf. notre fiche p. 36 sur les échelles standardisées d'événements de vie comme celle très connue de Holmes et Rahe) a été l'un des premiers axes de recherche. L'hypothèse de base de ces travaux repose sur l'idée que le stress résulte d'une « accumulation de changements majeurs dans la vie du sujet, nécessitant une adaptation » (*Introduction à la psychologie de la santé,* p. 47 s.).

De tels changements peuvent être ou apparaître *a priori* tout à fait indésirables, voire insupportables, comme la disparition d'un conjoint par exemple. Dans cette échelle, qui essaie d'établir rigoureusement les degrés de gravité des stress rencontrés au cours de la vie, le décès d'un conjoint est affecté d'un coefficient de 100. Et c'est le coefficient le plus fort dans la liste des items proposés par Holmes et Rahe. Les cinq items suivants se révèlent *a priori* aussi peu désirables : un divorce, ou une séparation conjugale, une période de prison, le décès d'un parent proche, la survenue d'une blessure ou d'une maladie. Ils méritent bien d'être qualifiés d'événements stressants.

Toutefois, des événements qui apparaissent davantage désirables, comme l'annonce d'une grossesse bienvenue, la survenue d'une réconciliation, l'obtention d'une promotion professionnelle ou l'arrivée de l'heure tant souhaitée de la retraite, obtiennent dans l'échelle de Holmes et Rahe des scores de stress tout à fait honorables.

Ce n'est donc pas, contrairement aux idées reçues, seulement le caractère déplaisant ou contraignant d'une situation qui crée le stress. Celui-ci serait surtout en conséquence directe des grands changements imposés au sujet humain au hasard des événements ou des accidents de sa vie.

Cette approche par les événements de vie, qui a permis d'établir un lien statistique fort entre l'accumulation des stress et l'apparition de maladies somatiques graves, a mis en évidence l'idée que ce serait principalement l'effort à fournir par un sujet pour s'adapter à un événement nouveau, qui constituerait l'essentiel du potentiel stressant d'une situation.

Et ce point de vue sera sans peine partagé par tous ceux qui, dans leur entreprise, ont eu à mettre en place des activités nouvelles ou des modes d'organisation différents. Ils ont pu alors apprécier l'intensité de l'effort à fournir par chacun pour s'adapter à la nouveauté, à la mesure de l'intensité et de la vivacité des résistances qui sont immédiatement, et en toute bonne foi, opposées aux changements proposés.

L'accumulation des petits riens qui agacent

L'accumulation de petits événements blessants de la vie quotidienne est un autre axe de recherche, qui a été mis en œuvre plus récemment par Richard S. Lazarus et son équipe (Lazarus et Folkman, *Stress, Appraisal and Coping*, New York, Springer, 1984). Cette orientation des recherches vers une sorte de nouvelle « psychopathologie de la vie quotidienne » s'intéresse aux mille et un soucis du jour, qui constitueraient selon ces auteurs, et cela peut rejoindre l'intuition et le vécu de chacun d'entre nous, une source de stress notablement plus importante que les événements de vie majeurs. De même que les petits ruisseaux font les grandes rivières, ce serait l'accumulation des petites tensions de la vie quotidienne qui fabriquerait les grands stress. Bouchons rencontrés sur le trajet maison-travail, photocopieuse en panne, retards dans le courrier, absence ou mauvaise humeur d'un collaborateur, pannes informatiques, récriminations acrimonieuses d'un client, réunions qui s'éternisent, autant de petits incidents qui, additionnés, fourniraient chaque jour une ample moisson de stress.

L'impact de la multiplicité des rôles sociaux

Une autre approche s'est intéressée aux stress liés aux multiples rôles sociaux joués alternativement par chacun de nous. La mesure des tensions liées au rôle social s'attache à repérer de façon objective les contraintes associées à chaque rôle. Comme dans la mesure des soucis quotidiens proposée par Lazarus, il s'agit d'une perspective où le stress est lié non à des événements majeurs de vie mais à des épreuves quotidiennement répétées, avec cette particularité que la source permanente du stress réside dans la nécessité, pour chacun d'entre nous, de s'adapter aux contraintes des différents rôles sociaux qui vont tour à tour être mis en scène et joués.
Dans le même éternel souci d'appréciation objective, une échelle de mesure a été élaborée.
Elle permet, par exemple, de mesurer le stress lié au rôle de parent, et c'est un rôle qui offre une gamme très riche d'expériences stressantes, comme trouver une gardienne, faire régner un semblant d'ordre, empêcher les enfants de s'entre-tuer, jongler avec les horaires, transmettre efficacement quelques valeurs auxquelles on donne de l'importance, etc., la liste peut être infinie.
Cette approche évalue les stress liés au rôle de conjoint, et c'est un rôle qui lui aussi propose quelques occasions intéressantes de stress.
Elle n'oublie pas les stress liés au rôle de gestionnaire de budget, lui-même fertile en émotions (un exemple de question : « Avez-vous des difficultés pour régler vos factures ? »).
Ne sont pas davantage oubliés les effets du rôle professionnel (autre exemple de question : « Combien de fois avez-vous plus de travail que vous ne pouvez en accomplir ? »).

Une brève réflexion sur le rôle professionnel montre qu'il promet (et malheureusement, il tient presque toutes ses promesses) de riches possibilités stressogènes. Dans ses rapports avec les rôles voisins, il peut facilement nécessiter un jeu en complète contradiction, par exemple avec le rôle de parent disponible,

le rôle de citoyen responsable ou avec le rôle de compagnon bien-aimé et bien-aimant. Il suffit pour s'en convaincre de comparer sur nos agendas le temps consacré à ceux que l'on aime et le temps consacré au rôle professionnel. Il est vrai que la tendance à la réduction du temps de travail permettra petit à petit de nuancer ce constat en rééquilibrant le temps et la place accordés à chacun de ces rôles.
Il n'en reste pas moins vrai qu'en lui-même, le rôle professionnel offre la possibilité d'enrichir et de compliquer à l'infini les opportunités de stress, car il suppose le maniement de logiques à tendance facilement concurrentes, qu'il s'agisse de la logique hiérarchique, de la logique de solidarité d'équipe, de l'esprit de métier, ou de l'intérêt supérieur de l'entreprise.

Cet effort d'appréciation objective des stress (faudrait-il rajouter un *s* supplémentaire au pluriel ?) s'est révélé bien utile pour mesurer avec une grande rigueur leur effet et leur impact sur la santé des sujets soumis à ces situations. Car ces échelles ont en effet été utilisées sur des enquêtes de grande envergure. Et les résultats ont permis de mettre en évidence des corrélations élevées entre les scores obtenus à la mesure des tensions sociales et l'apparition de symptomatologies somatiques (Bruno Quintard, *op. cit.*).
Ces résultats scientifiquement bien établis rejoignent sans peine les appréciations intimes que nous portons lorsque nous prenons le temps d'examiner l'impact sur notre bien-être et notre santé des différents rôles qui nous sont proposés, ou plus ou moins imposés, voire que nous nous imposons à nous-mêmes.

La force de nuisance des stress de rôle se repère à différents niveaux.
Tout d'abord, chaque rôle, pour être mené à bien, peut légitimement procurer sa part de stress, surtout lorsque nos propres critères d'exigence se révèlent particulièrement sévères.
Ensuite, la superposition des rôles potentialise les effets stressants de chacun.
Enfin, les oppositions, les contradictions, voire les conflits entre les rôles sont merveilleusement doués pour susciter d'intenses turbulences, tant psychiques que physiques.

APPROCHE PAR LES STRESS SPÉCIFIQUES

Une autre perspective dans la recherche orientée sur les stress objectifs s'est centrée sur des situations de stress spécifiques, bien déterminées, dont on a cherché à appréhender les conséquences sur les sujets. Ces situations ont été choisies dans le large panel offert par le cours plus ou moins ordinaire de la vie.
Ont été explorés ainsi les effets de situations objectivement délimitées telles

que le passage (obligé) d'examens scolaires ou universitaires, la confrontation à des environnements bruyants et, plus graves, la perte d'un conjoint ou la disparition d'un proche.
D'autres événements, moins ordinaires, comme le fait de subir des catastrophes naturelles ou des agressions ont servi de prétexte à de multiples travaux d'appréciation de leur impact.

Les limites de l'approche objective

Ces différents niveaux de stress sont familiers à tous, et recouvrent assez fidèlement la plupart des zones de turbulences que chacun, peu ou prou, devra finalement traverser dans le cours normal de son existence. La prise en compte de leur poids objectif dans le vécu du stress ne peut pas être sous-estimée. Toutefois, en se limitant aux aspects objectifs et mesurables des stress rencontrés, la recherche scientifique courait le risque de négliger la dimension profondément humaine du vécu du stress. En effet, pour intéressantes et fructueuses qu'aient été ces approches et ces tentatives de repérage quantitatif des stress, elles présentaient la faiblesse de mettre en scène un sujet humain, agent principalement passif des événements qu'il rencontre, petite marionnette entièrement stressable et manipulable de l'extérieur par les arbitraires facéties d'un destin capricieux.

Le dogme (ou ce qui peut apparaître comme un dogme) d'un pouvoir automatique (totalitaire ?) des événements extérieurs sur le déclenchement standardisé de la réaction de stress se montre totalement impuissant à rendre compte des différences inter-individuelles. Et cependant, bien heureusement, et l'expérience quotidienne le confirme, ces différences existent. Chacun peut en constater la présence et l'influence, aussi bien dans la façon dont différents sujets appréhendent la même situation (en tout cas, cela semble la même situation pour un observateur extérieur), que dans l'incroyable et joyeuse pluralité des réponses que chacun s'efforce d'y apporter.

C'est pourquoi on peut légitimement se réjouir que la manière d'appréhender le stress ait été complètement chamboulée lorsque les recherches se sont orientées vers une compréhension plus subjective de la notion. C'est cette heureuse réintroduction de la dimension du sujet qui a permis l'enrichissement et l'approfondissement que l'on connaît aujourd'hui des questions relatives au stress.

Cela a permis, comme l'expriment si joliment Isabelle Paulhan et Marc Bourgeois, de « renoncer à l'illusion d'un évaluation objective du stress. Actuellement, le stress n'est plus considéré comme un événement objectivement menaçant ou une réaction émotionnelle linéairement dépendante de la gravité du stimulus » (*Stress et Coping*, Paris, Presses Universitaires de France, collection Nodules, 1995, p. 113).

Dans sa critique du modèle d'explication linéaire qui sous-tend la notion de Syndrome Général d'Adaptation, telle qu'elle est présentée par Selye (voir au chapitre 3), Marilou Bruchon-Schweitzer écrit : « Ce qui est nouveau dans les modèles proposés est la prise en compte de l'activité des individus qui, loin de subir passivement certains déterminismes (biologiques, psychologiques, sociaux) adoptent, vis-à-vis des situations stressantes, certaines stratégies perceptivo-cognitives, affectives, comportementales, psychosociales, pour faire face. Un même stresseur n'a pas le même impact sur différents individus... » (*op. cit.*, p. 205).

Ainsi, le stress ne peut plus être considéré aujourd'hui ni comme un simple déclencheur d'états émotionnels et physiologiques particuliers, ni comme une réaction de détresse qui serait totalement induite par des contraintes extérieures au sujet.

C'est une véritable transaction entre la personne et l'environnement dans laquelle la situation est évaluée par l'individu comme débordant ses ressources et menaçant son bien-être (Lazarus et Folkman, 1984).

III • Le stress perçu

C'est pourquoi une des notions très importantes qui est apparue lors de cet important virage dans l'orientation des recherches est celle de « stress perçu ».

C'est-à-dire que, face à une situation lambda, c'est l'évaluation que peut en faire le sujet, le stress perçu, qui va — ou peut-être ne va-t-elle pas —, créer un état de stress ou, d'une manière ou d'une autre, moduler l'intensité de la réaction au stresseur.
Ainsi, Bruno Quintard propose, dans une très belle formule, d'envisager « le stress, non plus comme une réponse systématique à tout événement objectivement catastrophique, mais plutôt comme un ensemble de perceptions fluctuantes d'impuissance et de malaise qui peuvent envahir l'individu confronté à des événements difficiles à maîtriser » (*op. cit.*, p. 56).

On retrouve dans cette formulation, comme chez beaucoup d'auteurs, et notamment chez les psychologues d'approche cognitiviste, l'idée selon laquelle ce ne sont pas les choses ou les événements « en soi » qui bousculent ou traumatisent les hommes, mais l'idée qu'ils s'en font. Bien que souvent répétée, cette phrase du philosophe stoïcien Épictète (environ 50-130 après J.-C.) n'en conserve pas moins une grande force : « Les hommes se rendent malheureux non par les choses qui arrivent, mais par leur manière de voir les choses qui arrivent. »

Prenons un exemple très banal : Jean-François, directeur d'un regroupement professionnel est « coincé » dans un embouteillage monstre. Rien n'avance. Impossible de fuir le piétinement du troupeau des auto-immobiles en prenant un chemin plus libre. Rien ne permet de savoir combien de temps cela va durer. Contrairement à son habitude, Jean-François sera donc extrêmement en retard à une réunion très importante qu'il doit présider. Confronté plutôt rudement à l'impassibilité obstinée du réel, Jean-François va procéder, de manière plus ou moins explicite, plus ou moins consciente, à sa propre évaluation du danger que lui fait courir ce retard.

Une multiplicité foisonnante d'évaluations est imaginable :

- il peut craindre le risque de passer pour un homme irresponsable, et par conséquent de perdre le respect de ses collaborateurs ;
- il peut penser qu'il va, par son retard, mettre en colère une assemblée qu'il devrait au contraire amadouer pour que soit voté un texte important auquel il tient beaucoup ;
- il peut ne pas supporter l'idée qu'il ne se montre pas rigoureux, et que son retard va donner un mauvais exemple qui pourrait facilement devenir contagieux ;
- il peut ne pas supporter le danger psychique d'être en désaccord entre ses principes et la réalité de ses actes, danger très grave de perdre sa propre estime ;
- il peut craindre la montée irrésistible d'une violente bouffée de haine pour tous ces « escargots » qui l'empêchent de circuler normalement ;
- il peut ne pas du tout supporter le danger de se sentir impuissant, sans espoir d'amélioration et surtout sans ressources pour faire face à cette situation ;
- il peut s'imaginer que ce retard va avoir des conséquences dramatiques auprès de ses supérieurs et signifier la fin de sa carrière ;
- il peut se sentir en danger de… ou de… (à compléter selon la richesse de son imagination) ;

- il peut aussi ne pas du tout se sentir en danger, mais tout simplement impliqué dans une situation désagréable, la même, peut-être, que la moitié des participants à sa réunion.

Selon le niveau que la situation va atteindre sur son échelle intime d'appréciation du danger, son stress perçu, Jean-François ressentira un stress dont l'intensité pourra varier de très modérée (voire nulle), en passant par tous les degrés possibles, jusqu'à très forte (voire paroxystique).

La notion de stress perçu joue non seulement un rôle extrêmement important dans l'évolution de la théorie du stress, qu'elle modifie considérablement, mais aussi et surtout, elle ouvre sur des perspectives très ouvertes d'action. En effet, le stress ne se borne plus à déclencher des réactions binaires de type *fight or flight* (combattre ou fuir), mais il induit la nécessité d'un travail psychique d'analyse fine de la situation ressentie comme stressante. Dorénavant, et pour peu qu'il accepte cet abord théorique du stress, cela offre au sujet, lorsqu'il se sent stressé, la possibilité d'exercer à son profit toutes ses qualités de discernement. Cela lui permet de perfectionner la pertinence de ses auto-questionnements, dans un travail fertile de clarification des enjeux et des dangers courus dans les multiples situations qu'il rencontre.

IV • L'échelle intime d'appréciation du danger

Nous proposons d'explorer l'idée d'une échelle intime d'appréciation du danger. Cette échelle est constituée de quatre niveaux eux-mêmes susceptibles d'être affectés de coefficients de gravité plus ou moins lourds.
Ainsi, confronté à n'importe quelle situation, le sujet humain effectue d'emblée son évaluation des niveaux de danger qu'il peut courir.

Le danger d'ordre physique

Son évaluation est essentielle à la survie, une erreur pouvant entraîner des conséquences dramatiques. Il est facile de comprendre que, dans les cas d'urgence, si la réponse est oui à la question « est-ce que je risque ma vie ? », la rapidité de l'évaluation représentera un facteur clé de l'efficacité de la réaction au stresseur.
Ainsi, imaginons le cas peu courant d'un sujet qui a la surprise de rencontrer malencontreusement un ours visiblement affamé sur le trajet habituellement paisible entre son travail et sa maison. L'évaluation du danger va s'effectuer en un clin d'œil, et le système neuro-hormonal va envoyer un message des plus impératifs et sans équivoque : URGENCE, fuir à toutes jambes !

Toutefois, l'évaluation d'un danger physique aussi objectif soit-il, comme trop boire, rouler trop vite, fumer, attendre trop pour consulter un médecin..., n'échappe pas au filtre déformant de l'appréciation subjective qui en est faite.

Dans notre expérience quotidienne, l'univers professionnel offre une panoplie généreuse de situations affectées d'un coefficient objectif de danger. Toutefois, ce sera l'évaluation subjective de ce danger qui donnera une idée juste du poids et de l'effet de ce stress perçu pour les salariés. Du risque de mort (agression violente type hold-up dans n'importe quelle agence bancaire, accident mortel sur machine, sur chantier ou sur route), au risque d'accident corporel, du risque visible ou immédiat au risque sournois ou à long terme (radiations nucléaires, produits, poussières ou vapeurs toxiques) du risque industriel classique à la menace bio-terroriste, chacun de ces risques donne lieu à des appréciations individuelles qui ne sont pas forcément directement proportionnelles à la mesure objective du risque, telle que pourrait l'apprécier l'approche rationnelle d'un assureur.

Ceux de nos lecteurs qui ont eu à participer aux travaux des C.H.S.C.T. (Comités d'Hygiène, de Sécurité et des Conditions de Travail) n'ont pas eu de mal à constater l'invraisemblable distance qui peut apparaître entre un danger mesuré objectivement et son appréciation subjective telle qu'elle est construite par les sujets qui doivent lui faire face.
Prenons un exemple : peu après l'explosion catastrophique d'une usine chimique à Toulouse en 2001, certains préfets, soucieux d'éviter ou de limiter ce type de risque, ont pris des mesures de suspension de l'activité dans des sites semblables. Et cependant, malgré le caractère objectif du risque, les salariés du site ont le plus grand mal à accepter cette décision.
Ainsi, interviewé à la radio, un représentant du personnel au C.H.S.C.T. d'un établissement similaire situé au nord-est de Bordeaux, s'oppose à la suspension des activités de son usine en utilisant l'argument suivant : « Je ne suis jamais arrivé à l'usine avec la peur au ventre depuis 24 ans que j'y travaille. » Son évaluation subjective de la probabilité du risque est sérieusement revue à la baisse.

Le cas est tout autre lorsque des médecins de Mantes-la-Jolie (qui ont manifesté leur ras-le-bol en décembre 2000 en se mettant collectivement en grève) sont agressés dans leur cabinet par des jeunes gens armés, le risque physique objectif est alors apprécié sans perdre de temps comme un danger vital.

Dans la terrible catastrophe des Twin Towers, un des éléments qui a profondément ébranlé les New-Yorkais, c'est le fait de se sentir soudain complètement vulnérables, soumis à la violence aveugle d'un ennemi dont on découvre avec stupéfaction qu'on ne sait pas comment s'en protéger. La perte brutale de l'illusion d'invulnérabilité alliée au caractère totalement incontrôlable d'une nouvelle éventualité de mourir dans un tel cataclysme ont rendu encore plus violent le traumatisme collectivement subi. Marie, une amie new-yorkaise nous écrivait : « Tout d'un coup nous découvrons que nous sommes dans une île, et que toutes les voies d'issues, les ponts, les tunnels, pourraient être détruits, bombardés ou plastiqués, rendant impossible toute tentative de fuite... Nous découvrons que rien ne peut nous protéger de cette menace dorénavant crédible d'être, en cas d'attaque, écrasés de cette manière si épouvantable sous les décombres de nos propres immeubles. »

Dans notre exemple plus banal de Jean-François coincé dans les embouteillages, il y a apparemment peu de danger physique et de risque d'atteinte à l'intégrité corporelle, à moins que J.-F., pris de frénésie, ne réagisse à la situation stressante, l'embouteillage, par une réponse motrice désordonnée et gesticulante qui pourrait déboucher sur un accident de la route. Et, dans ce cas des plus improbables, il serait facile de voir que le danger proviendrait de la réaction de J.-F. à la situation et non de la situation elle-même.

La sécurité matérielle

Le sujet humain, tout comme l'animal son frère, a besoin de sentir assurés son dormir et son manger, c'est ce qu'on peut appeler son « territoire de sécurité ». Toute situation analysée comme mettant en danger cette sécurité fondamentale du gîte et du couvert entraînera un stress intense, qui pourra s'accompagner de vifs affects d'anxiété, de détresse, de révolte.
Si Jean-François perçoit son retard comme mettant en cause la sécurité de son emploi, il verra en un éclair se dresser devant ses yeux le tableau désastreux des conséquences d'un licenciement pour lui et sa famille, le spectre redoutable du chômage, l'accumulation inflexible des traites impayées, le risque de se retrouver à la rue, le rejet plein de mépris par sa famille et ses amis, etc., la réaction de stress sera alors proportionnelle à la vigueur du tableau représenté, à l'horreur qu'il suscite, à l'importance du danger supposé encouru.

Il en est de même pour le personnel d'une entreprise où se laissent entendre des rumeurs de suppression d'emplois. Et l'importance ou l'efficacité des systèmes sociaux de prévoyance et d'assurance sont inefficaces dans un premier temps pour adoucir ou alléger l'impact du signal de danger.

Le danger d'ordre social

Le danger touche l'attachement au groupe d'appartenance, la place accordée au sujet dans le groupe, la conformité à ses valeurs et ses normes, la reconnaissance par le groupe des qualités du sujet. Lorsque le sujet perçoit que la situation à laquelle il est confronté met en péril cette sécurité d'appartenance, tout son système stress est mis en alerte. C'est ainsi que les enfants font subir à leurs parents une véritable pression pour arborer les mêmes codes vestimentaires que leurs petits camarades, posséder les mêmes objets emblématiques, stylos, classeurs, sacs ou cartables de marque bien déterminée.

Chez les parents, si la tyrannie du code vestimentaire se montre peut-être plus subtile (encore que cela se discute), la peur du jugement du groupe reste particulièrement vivace, il suffit, par exemple, de se référer à l'expérience très généreusement partagée du trac avant de prendre la parole en public (voir à ce propos l'excellent ouvrage de Jacques-René Martin, aux Éditions Demos). En effet, la crainte du jugement d'autrui est pour beaucoup dans les réactions intenses de stress avant une prise de parole en public. Rougir, bégayer, perdre ses mots, voire le fil de son discours sont des effets immédiats du risque perçu de perdre la face devant une assemblée.

Lorsque le risque est amplement surévalué, le simple trac, si utile pour « booster » l'énergie nécessaire à la prise de parole, se transforme en un stress si intense qu'il devient un handicap presque impossible à dépasser (si aucun travail de clarification des enjeux ne permet de diminuer le poids de la surtaxe subjective).

Il faut convenir que les situations de mise en danger social sont extrêmement nombreuses :

- réclamer dans un restaurant pour un plat servi trop froid ;
- dire à un subordonné que l'on est mécontent de son travail ;
- négocier une augmentation de salaire ;
- coordonner au mieux les départs en vacances de l'équipe ;
- dire non à une demande pressante de son supérieur hiérarchique ;
- demander à son voisin de bureau de ne plus fumer ;
- affirmer son souhait de continuer à fumer chez des non fumeurs militants ;
- quitter une équipe avec qui on s'entendait si bien pour cause de promotion ;
- ....

La liste est infinie.

Le jugement de soi sur soi

« Je vais me planter », « je ne vais pas être à la hauteur ». Il s'agit alors du poids des enjeux, implicites ou explicites, que le sujet met dans la conduite à bonne fin d'une action, dans la mise en conformité à ses désirs d'une situation.

Ainsi, dans une émission de radio, l'actrice Dominique Blanc, parlant de son rôle dans *La Maison de Poupée* d'Ibsen, où elle jouait le difficile personnage de Nora, déclarait : « La personne qu'il ne faut surtout pas décevoir, c'est soi-même. » La peur est alors de n'être pas à la hauteur, de se décevoir mortellement. Le danger est de piétiner ses potentialités, de renoncer à incarner l'être merveilleux qu'on voudrait tellement devenir, de se révéler un traître à ses propres idéaux. Plus le petit juge dans la tête se montre tyrannique et intransigeant, et plus le risque est insupportable d'apparaître à ses yeux comme un pauvre minable. C'est ainsi que le sujet hyper-exigeant vis-à-vis de lui-même saura se répéter un discours des plus décourageants, où les erreurs commises devront sans relâche être clairement mises en exergue et vigoureusement critiquées, et où devra être aussi vigoureusement critiqué le malheureux sujet à l'origine de ces erreurs.

Dans ce type de discours intime, on ne trouve pas de place pour le plus petit signe de clémence, pas l'ombre d'une ébauche d'acceptation des faiblesses, aucune tentative de mise en balance équilibrée des erreurs ou des échecs avec les succès et les réussites.

Le sujet hyper-exigeant veut et doit toujours se montrer le meilleur. Il pense qu'il aurait toujours pu faire mieux. Il croit profondément que tout ce qu'il fait se doit d'être parfait, absolument parfait. Il pense que l'objectif de perfection est un impératif parfaitement réaliste. Il ne s'accorde donc pas le droit de se détendre et de se reposer après l'action, puisque celle-ci se montre définitivement insuffisante dans la douloureuse comparaison avec l'idéal visé.

Le danger est alors d'autant plus grand que l'idéal visé est grandiose, magnifique, c'est-à-dire le plus souvent irrémédiablement inatteignable.

L'esprit humain est ainsi fait qu'il préfère parfois se mépriser, se maltraiter, et s'autotraiter d'incapable plutôt que de courir le terrible danger de renoncer à ses implacables idéaux de toute grandeur et de toute-puissance. Lorsque nous mesurons dans le face-à-face thérapeutique la force de ces exigences ou de ces peurs, il est impossible de soutenir que la perception de ces dangers potentiels échappe à l'histoire vécue de chaque sujet. Viennent peser de tout leur poids l'accumulation des expériences passées et le grand livre des exigences parentales sans négliger l'importance des formes de valorisation (ou de dévalorisation) personnelle qui ont été accordées pendant l'enfance. Les souvenirs conscients ou inconscients des dangers passés, les traductions conscientes ou inconscientes des exigences parentales viennent transformer radicalement la perception du danger actuel.

Les phobies présentent une forme pathologique particulièrement visible et parfois caricaturale du poids décisif des expériences passées dans l'appréciation subjective du danger d'une situation. Celui qui a développé une phobie des chiens après avoir été mordu dans son enfance ne court pas un risque objectivement important d'être à nouveau mordu par le gentil toutou de sa voisine. Mais son évaluation du risque encouru lors d'une rencontre fortuite, sera pourtant bien plus forte que la moyenne. Si la mémoire consciente de cet épisode est effacée, l'évaluation du risque apparaîtra encore plus disproportionnée avec le risque de la situation réelle. Si le souvenir conscient ou non de l'épisode l'amène à éviter toute situation où il risquerait d'être à nouveau en contact avec un chien, rien, aucune information nouvelle ne viendra l'aider à modifier l'ancienne association « chien = automatiquement signal de danger ». Le vécu imaginaire du danger, sa place dans la vie intime du sujet, se montrent tout-puissants par rapport au risque concret.

V • Un exemple d'appréciation du stress perçu

Prenons l'exemple du travail dans un « open-space » (bureau dit paysagé). Les idées sous-jacentes (certains pourraient parler d'idéologie) de « l'open-space » sont celles de la communication tous azimuts, du partage de l'information, de la disponibilité maximale à autrui, de l'effet cumulatif des forces mises en commun par le groupe, d'une répartition démocratique de l'espace, de la suppression de signes extérieurs convenus de la position hiérarchique tels que l'épaisseur de la moquette ou la taille du bureau ou le nombre de fenêtres.
Les occupants des lieux, dont le nombre peut aller jusqu'à trois ou quatre cents, sont généralement dûment informés de l'argumentaire développé ci-dessus. C'est ce qu'on appelle « l'esprit de la maison ». Très souvent, ils y adhèrent assez volontiers.
Et pourtant une plainte, diffuse et contradictoire, se laisse entendre quasi en permanence : il fait trop chaud, il fait trop froid, il y a trop de lumière, ou bien pas assez, il y a trop de bruit, on ne s'entend plus, il y a trop d'air ou pas assez. Il apparaît assez vite que les occupants de l'open-space ont un mal fou à préciser les dangers concrets que leur fait courir l'obligation qui leur est faite de travailler comme cela.

Les responsables de la sécurité, quant à eux, multiplient les démarches objectives. Ils mesurent avec application l'éclairage, si le nombre de *lux* est conforme à la règle. Ils contrôlent rigoureusement le degré d'hygrométrie, la chaleur et la régularité de sa répartition, l'orientation des souffleries, l'ambiance sonore qui reste bien en deçà des limites admises.

Pour des responsables réellement soucieux du bien-être de leurs salariés, il y a de quoi s'arracher les cheveux. Si les fondamentaux de la sécurité et des conditions de travail sont bons, si les normes sont respectées, alors comment peut-on expliquer la permanence entêtée du malaise ?

Que disent les hommes (hommes et femmes, cadres et employés) qui travaillent dans un open-space, lorsqu'ils sont interrogés ?
Comment s'exprime leur échelle intime de danger ?
Ils disent que le lundi matin, quand ils arrivent dans l'open-space, ils ont comme un premier mouvement de recul, puis que leur corps s'habitue et que s'atténue peu à peu l'impression de plonger dans un univers qu'ils ressentent comme profondément hostile.

Une des formes du danger tel qu'il est perçu vient clairement du jugement négatif attendu de la masse « des autres ». Tout se passe comme si fonctionnait une sorte de surmoi collectif à la fois hyper-répressif et hyper-contraignant : « On ne doit pas parler fort, on ne doit pas rire tout haut, on ne peut pas laisser sonner son téléphone plus d'une fois pour ne pas gêner les autres, on ne fait pas de mouvements brusques », et extrêmement exigeant : « On doit toujours être affairé, bien concentré sur son travail, productif, dynamique, efficace, ici, le temps c'est vraiment de l'argent. »

Lors de nos entretiens, les utilisateurs d'open-space ont finalement exprimé leur perception d'une autre forme de danger. Ce danger consiste dans la crainte de sentir derrière son dos le passage furtif des personnes qui se déplacent dans l'immense bureau. Le danger mesurable d'être réellement agressé par derrière par un ennemi que l'on ne voit pas venir est objectivement assez faible, et pourtant le danger est ainsi perçu. Et allez donc convaincre un dos crispé et méfiant de se détendre paisiblement et de se relaxer quand tout son système intime d'appréciation du risque lui proclame qu'une menace rôde et s'approche en catimini !

VI • L'ABC du stress

L'ensemble de ces réflexions nous amènent à la présentation de la théorie ABC du stress.
C'est un psychologue américain, Albert Ellis, qui a proposé une approche du stress appelée théorie ABC.
Selon cette approche, les sentiments et les façons d'agir deviennent d'autant

plus inadaptés aux situations rencontrées qu'ils prennent racine dans un certain nombre de pensées et de diktats profondément enracinés sur ce que « devrait être la vie ». Ces idées irrationnelles constituent une sorte de filtre très puissant qui a le pouvoir de transformer la situation réelle en situation générant de l'anxiété et des sentiments d'impuissance ou de colère.

Pourquoi cette théorie s'appelle-t-elle ABC ?

Tout simplement parce qu'elle postule que la plupart d'entre nous attribuent les Conséquences émotionnelles désagréables (C) à l'existence d'une situation Aversive (A), en faisant l'impasse sur les croyances irrationnelles (B, en anglais *Belief*) qui sont en fait à l'origine des sentiments d'anxiété ou d'impuissance. C'est-à-dire que le raisonnement qui est fait habituellement est de type :
A = > C
Ce raisonnement, selon la théorie de Ellis, constitue un jugement erroné, trop rapide, qui ne tient pas compte de la présence et de l'influence des *Beliefs*, ces croyances irrationnelles parfois si soigneusement tenues cachées.
C'est pourquoi nous proposons (voir fiches suivantes), en accord avec la théorie d'Ellis, d'apprendre à intégrer dans l'appréciation du poids d'un stress, l'influence des croyances (*Beliefs*) (ou en tout cas ce qui peut en être repéré), sur les conséquences émotionnelles d'une situation.

Pour qui admet que ce raisonnement A + B = > C est un jugement juste, alors la démarche visant à faire face à une situation de stress consistera à repérer la présence et la forme des croyances irrationnelles.

Ces idées irrationnelles (B) constituent pour chacun une sorte de fil conducteur de sa vie. En voici quelques illustrations :

- pour l'un, ce sera, par exemple, l'idée, pas forcément réaliste, qu'il doit absolument être aimé de tous s'il veut être heureux. Sur la base de cette affirmation, à chaque situation où il ne recevra pas les signes manifestes qu'il est aimé, cela constituera pour lui une intense source de stress ;
- pour l'autre, ce sera l'affirmation de la nécessité de se montrer toujours compétent, informé, capable, et cela, quelle que soit la situation rencontrée. On comprendra aisément que cet idéal exigé de compétences tous azimuts est particulièrement difficile à atteindre, et donc par conséquent particulièrement stressogène ;
- pour un troisième, il n'est pas acceptable que les choses n'aillent pas exactement dans le sens qu'il souhaite ardemment. Pour celui-ci, les occasions stressogènes de se heurter à un réel qui refuse de se plier à ses exigences seront nombreuses ;

- pour tel autre, il est inacceptable que les méchants ou les malhonnêtes puissent continuer leur action sans être au minimum officiellement blâmés voire punis. Pour celui qui vit sous le règne de cette pensée, toute situation où des méchants s'en tirent sans dommage créera d'intenses turbulences. La simple vue d'un resquilleur impuni dans le métro suffira à le mettre hors de lui ;
- tel autre encore pensera qu'il doit exister des solutions parfaites à tous les problèmes rencontrés, et qu'il suffira seulement de continuer à faire de gros efforts pour enfin les découvrir. Chaque imperfection constatée lui sera une occasion supplémentaire de souffrance, qu'il s'agisse d'imperfections commises par lui ou par autrui.

Pour Ellis, de telles idées reposent sur l'expression de besoins fondamentaux inscrits en chacun de nous. Ce sont les besoins très archaïques d'amour inconditionnel, d'approbation, besoin de se sentir en sécurité, ou de se percevoir capable et compétent.

Dans la plupart des situations ordinairement paisibles de la vie, ces croyances peuvent rester silencieuses, sans effet notable, inactivées.

Toutefois, elles sont fortement mobilisées face à toute situation apparaissant comme pouvant mettre le sujet en insécurité. Lorsqu'ils ne sont pas (ou lorsqu'ils n'ont pas été) suffisamment satisfaits, les besoins fondamentaux à l'origine de ces croyances peuvent très rapidement se transformer en signaux d'alarme qui rejoignent assez précisément l'échelle intime d'appréciation du risque que nous avons proposée dans ce chapitre.

Ces pensées irrationnelles, une fois mobilisées, se mettent alors à fonctionner sur un mode intransigeant, absolu, où ne se trouve plus aucune place pour l'alternative, le libre jeu de l'imagination, la nuance et la souplesse.

C'est pourquoi l'essentiel du travail psychique à mener face à une situation de stress consiste à exercer au mieux ses capacités de discernement afin de réussir à séparer le poids des enjeux objectifs de la situation, et la présence et l'influence du surpoids des croyances, peurs ou exigences irrationnelles.

Exploration guidée

• Fiche 5 : Guide pour l'analyse d'une situation de stress

Résumé

Cet exercice propose un schéma des différents niveaux d'analyse d'une situation.

Objectifs

- faire le lien avec le chapitre précédent ;
- fournir une méthode concrète d'analyse des situations de stress ;
- permettre une clarification de ses propres réactions à une situation stressante ;
- aider à progresser dans la lecture critique de ses propres réactions au stress.

Déroulement

- ***Premier temps***

Choisissez une situation de stress (plutôt modéré) que vous avez rencontrée récemment ou à laquelle vous êtes régulièrement confronté.

En vous appuyant sur l'évocation la plus réaliste possible de cette situation, remplissez la grille ci-dessous en répondant soigneusement à chacune des questions posées.

Situation stressante : décrivez le plus concrètement possible une situation spécifique qui vous pose problème. Soyez précis :

....

Quelles étaient vos pensées ?

....

Que ressentiez-vous physiquement ?

....

Quels sentiments éprouviez-vous ?

....

Quel était votre comportement ?

....

- ***Deuxième temps***

Une fois complétées ces différentes rubriques, prenez le temps de considérer avec une attention tranquille l'ensemble de vos réponses.
Peut-être y a-t-il déjà quelques remarques qui vous viennent?
Des pensées supplémentaires?

....

Le moment est alors venu de questionner celles de vos pensées (que l'on appelle les pensées automatiques) que vous avez repérées et notées. Pour ce faire, adoptez la position « objective » d'un observateur scientifique de votre propre esprit et exercez-vous, pour chacune de ces pensées, aux questionnements suivants :

Cette (ces) pensée(s) est (sont)-elle(s) réaliste(s)? Est (sont)-elle(s) parfaitement crédible(s), logique(s)? Cette (ces) affirmation(s) pourrait (pourraient)-elle(s) être scientifiquement soutenue(s)?

....

Quels sont les effets de cette (ces) pensée(s) sur mes sentiments? Est-ce que les effets sont positifs? négatifs? Autres effets?

....

Quels sont les effets de cette (ces) pensée(s) sur ma façon d'agir ou de réagir?
Est-ce que cette (ces) pensée(s) m'aide (nt) à me sentir plus efficace, à faire face de façon plus productive?

....

- ***Troisième temps***

Confrontez cette (ces) idée(s) avec des personnes en qui vous avez confiance. Écoutez ce qu'ils vous en disent. Discutez-en à partir du questionnement proposé. Qu'en pensent-ils? Que vous apprennent leurs réactions?

....

- ***Quatrième temps***

Donnez-vous le temps de considérer tranquillement les résultats de tous ces questionnements, ces confrontations. Prenez le temps d'accueillir tout aussi tranquillement vos réactions physiologiques.

Puis demandez-vous :
Et maintenant, est-ce que j'adhère toujours entièrement à cette (ces) façon(s) de penser? Est-ce que j'y crois toujours à 100 % ? Est-ce que j'éprouve encore l'envie de la (les) soutenir mordicus ?
....

Que ressentez-vous ? Quelles conclusions pouvez-vous tirer de ce travail ?
....

Quand faire cet exercice ?

Quand vous souhaitez progresser dans la compréhension de vos réactions de stress en face d'une situation qui vous pose problème.
Quand vous ressentez que la disproportion entre la situation et vos réactions demande à être explorée et peut-être clarifiée.

Durée de l'exercice

Une vingtaine de minutes si vous travaillez tout seul.
Une heure si vous discutez vraiment les différentes idées exprimées avec plusieurs de vos proches.

• Questions et remarques

« Pourquoi est-il demandé d'être très précis dans la description des situations de stress ? »
Cette précision est utile à plus d'un titre :

- d'une part, elle amène à différencier et à séparer clairement les éléments objectifs de la situation de ses constituants subjectifs ;
- d'autre part, elle évite de rester prudemment cantonné dans une généralité (un peu bavarde) peu propice à l'effort demandé d'exploration intime ;
- enfin, cela permet, dans la phase ultérieure d'élaboration créative de solutions, d'imaginer en nombre suffisant des modifications concrètes et réalisables de la situation.

« Je me sens bizarre, après avoir fait cet exercice, comment ça s'explique ? »
Ce genre de travail est une forme d'entraînement à l'interrogation guidée de ses propres certitudes. Commencer à interroger, voire changer, quelques-unes de nos croyances est un travail aussi intense que commencer à faire du ski, ou commencer à faire de la voile. C'est normal de se sentir bousculé,

voire un peu désorienté, quand on accepte de mettre du flou dans ses repères habituels.
Ces croyances ou pensées nous ont servi de prêt-à-penser, elles se sont montrées utiles et très certainement protectrices au moment où nous les avons constituées et acquises. Il est donc logique que leur interrogation soulève de fortes résistances.

Pour aller plus loin

Participer à des séminaires de gestion du stress.

Lire :

- Terry Looker, Olga Gregson, *Managing Stress*, Londres, Hodder & Stoughton, 1997.
- Pat Milner, Stephen Palmer, *Integrative Stress Counselling. A Humanistic Problem-Focused Approach*, Londres/New York, Cassell, 1998.
- Christophe André, Patrick Légeron, François Lelord, *La Gestion du stress*, Neuilly-Plaisance, Éditions Bernet-Danilo, collection *Essentialis*, 1998.
- Dean Schuyler, *A Practical Guide to Cognitive Therapy*, New York / Londres, Norton & Company, 1991.

• Fiche 6 : L'ABC du stress

Résumé

Cet exercice propose d'explorer le lien B = > C (Belief = > Conséquences) selon la théorie rationnelle émotive d'Albert Ellis.

À travers un exemple banal, tiré de la vie quotidienne, il montre l'impact de certaines croyances sur les réactions affectives de stress.

Objectifs

- mettre en évidence, à travers un exemple, la relation Croyances-Conséquences ;
- faciliter la clarification et l'analyse des éléments objectifs et subjectifs en jeu dans une situation de stress.

Déroulement

Lisez attentivement le dialogue ci-dessous, entre un consultant et son client. Ce dialogue est très librement traduit et adapté d'un texte présenté dans l'ouvrage *Integrative Stress Counselling* (p.120).

— CONSULTANT : J'aimerais vous expliquer de quelle manière certaines des croyances que nous avons peuvent être génératrices de stress.

— CLIENT : OK.

— CONSULTANT : C'est un modèle explicatif en quatre parties. En point 1, imaginez que vous avez 10 euros en poche, et imaginez aussi que vous avez en même temps la croyance suivante :
« Je préférerais avoir un minimum de 11 euros en poche, mais ce n'est pas essentiel pour moi. Bien évidemment, je trouve que c'est moche d'avoir moins que ces 11 euros, mais ça n'est quand même pas la fin du monde. »
Maintenant, si vous croyez réellement ça, comment vous sentiriez-vous avec seulement vos 10 euros en poche ? C'est-à-dire moins que le minimum de 11 que vous auriez préféré ?

— CLIENT : Je me sentirais concerné.

— CONSULTANT : Exact, vous pourriez aussi vous sentir déçu ou ennuyé, mais vous n'auriez pas envie de vous jeter par la fenêtre pour autant ?

— CLIENT : Pas du tout.

— CONSULTANT : Bon. En point 2, on va supposer que vous avez une croyance différente, qui serait :
« Je dois absolument avoir un minimum de 11 euros en poche tout le temps. Il me les faut absolument, il me les faut

absolument. Ce serait vraiment la fin du monde si j'avais moins. »
Muni de cette pensée, imaginez que vous vous retrouvez avec seulement 10 euros en poche. Comment vous sentiriez-vous, dans ce cas ?

— CLIENT : Je pense que je serais très anxieux.

— CONSULTANT : Bien. Il est arrivé quelque chose d'important. La situation est toujours la même, vous avez seulement 10 euros dans votre poche. Mais des croyances différentes ont fait naître des sentiments très différents.
Et maintenant passons au point 3 du modèle. Vous avez la même croyance qu'en partie 2 : « Il me faut absolument avoir 11 euros en poche. Il me les faut absolument. Et ce serait la fin du monde si j'avais moins. » Maintenant, imaginez, que, muni de cette idée, vous vous retrouvez avec 12 euros en poche. Imaginez comment vous vous sentez alors ?

— CLIENT : Je me sens très soulagé.

— CONSULTANT : Voici maintenant notre point 4. Vous avez 12 euros en poche, et vous pensez toujours : « Il me faut absolument un minimum de 11 euros en poche tout le temps. Il me les faut absolument. Sinon ce serait la fin du monde. »
Que pourriez-vous craindre qu'il vous arrive, et qui vous rendrait vraiment anxieux ?

— CLIENT : Reprenons. Je crois fermement que j'ai besoin d'avoir tout le temps un minimum de 11 euros en poche. J'ai plus que ce minimum en poche, et pourtant je suis inquiet. Pourquoi ? Eh bien, parce que je m'inquiète de ce qui se passerait si je perdais 2 euros.

— CONSULTANT : En effet. Ou bien vous pourriez les dépenser, ou vous les faire voler. C'est bien là le point. En pratique, chacun, riche ou pauvre, blanc ou noir, homme ou femme est capable de se rendre malade chaque fois qu'il n'a pas ce qu'il pense qu'il devrait absolument avoir. De plus, on reste vulnérable même quand on possède vraiment ce qu'on croit absolument nécessaire de posséder, puisqu'il existe toujours la menace de le perdre.

— CLIENT : Je vois. Je participe moi-même à mon malheur quand je crois que je DEVRAIS ABSOLUMENT posséder quelque chose que je n'ai pas. Et cela reste vrai, même si je possède cette chose, puisqu'il existe toujours la menace de la perdre.

— Consultant : Voilà. Vous avez tout compris. C'est beaucoup moins stressant de s'en tenir à PRÉFÉRER FERMEMENT plutôt que D'EXIGER ABSOLUMENT. Si on n'a pas ce qu'on préférerait, on se sent alors concerné, voire fortement concerné, mais on ne se sent ni anxieux ni en colère. On est alors capable de participer activement et positivement au changement désiré.

Lorsque vous aurez lu (et peut-être relu) ce dialogue, prenez le temps de noter vos réactions, vos remarques, vos questions. Puis, discutez-en très ouvertement avec vos proches.

Ensuite, recherchez une situation où vous avez manifestement pensé en termes d'exigences absolues. Observez attentivement le contenu de votre dialogue intime. Clarifiez, pour vous, par écrit, le libellé de cette (ces) exigence(s) :

....

Prenez le temps d'accueillir, puis de nommer, la tonalité de vos réactions physiques et affectives :

....

Avez-vous pu expérimenter la relation existant entre des croyances formulées en termes d'exigences absolues et vos réactions corporelles et affectives les plus intimes ? Que retirez-vous de cette expérience ?

....

Pour aller plus loin

Lire :

- Pat Milner, Stephen Palmer, *Integrative Stress Counselling. A Humanistic Problem-Focused Approach*, Londres/New York, Cassell, 1998.
- Dorothy Corkille Briggs, *Être soi-même*, Montréal, Les Éditions de l'Homme, 1979.

Agir :

- participer à des séminaires de gestion du stress, proposés ou non par l'entreprise ;
- utiliser la possibilité d'un accompagnement par un coach (proposé ou non par l'entreprise) ;
- faire un travail psychothérapeutique (hors entreprise).

• Fiche 7 : Les mots d'ordre

Résumé

Cet exercice propose l'exploration, sous forme de questionnaire d'autodiagnostic, de cinq des principaux mots d'ordre repérés dans la population occidentale (cette exploration s'est largement inspirée des travaux de l'Analyse Transactionnelle).

Objectifs

- approfondir le lien entre certaines croyances (ici appelées mots d'ordre) et les réactions de stress ;
- repérer sa croyance, son mot d'ordre préféré ;
- réfléchir sur son caractère plus ou moins (ir) réaliste.

Déroulement

Dans le questionnaire d'autodiagnostic qui vous est proposé, lisez attentivement les propositions qui sont faites. Lorsqu'elles correspondent tout à fait à ce que vous faites ou à ce que vous pensez, accordez-vous le maximum de points, lorsque c'est tout l'opposé, accordez-vous zéro point, selon les notations suivantes :

« C'est tout à fait moi » = 4 points
« C'est souvent moi » = 3 points
« Parfois c'est moi et parfois non » = 2 points
« Il arrive rarement que cela me ressemble » = 1 point
« Cela ne me ressemble pas du tout » = 0 point

1 ▪ Je déteste avoir à demander quelque chose..............................
2 ▪ Je ne me sens bien que lorsque tout le monde est gentil..............
3 ▪ J'aime le cyclisme (ou tout autre sport) parce que c'est un sport qui demande de ne pas ménager ses efforts..................................
4 ▪ J'adore me battre contre la montre...
5 ▪ J'ai un fort besoin de tout contrôler..
6 ▪ Je travaille à mon maximum quand je suis sous pression...................
7 ▪ On me dit très serviable...
8 ▪ La moindre imperfection me dérange beaucoup..........................
9 ▪ Je me demande souvent si j'ai vraiment les moyens d'y arriver...........
10 ▪ Je ne me plains jamais, et je déteste les gens qui se plaignent..............
11 ▪ J'estime que j'ai souvent plus vite fait de faire moi-même les choses que de perdre mon temps à expliquer comment les faire.......................

12 ▪ Si je ne peux pas faire les choses parfaitement, je préfère laisser tomber............

13 ▪ Je ne pleure jamais............

14 ▪ J'aime surtout faire plaisir aux autres............

15 ▪ Je pense que pour réussir dans la vie, il faut en baver............

16 ▪ Autour de moi on sait que je ne ménage pas ma peine............

17 ▪ Je suis énervé par les gens qui marchent lentement dans la rue, ou qui traînent sur la route............

18 ▪ Je déteste montrer mes faiblesses............

19 ▪ Je ne suis pas content tant que tout n'est pas parfait............

20 ▪ Je préfère donner que recevoir............

21 ▪ Je pense que la vie professionnelle est une jungle où il faut se battre pour exister............

22 ▪ Je ne sais pas refuser quand on me demande un service............

23 ▪ J'ai toujours fini de manger ce qu'il y a dans mon assiette bien avant tout le monde............

24 ▪ Je suis aussi exigeant avec les autres qu'avec moi-même............

25 ▪ Je ne montre jamais mon jeu............

26 ▪ Je pense que les choses iraient vraiment mieux si les gens étaient plus gentils............

27 ▪ On m'appelle Maya l'abeille parce que je cours partout sans jamais m'arrêter............

28 ▪ J'ai toujours peur d'avoir oublié quelque chose d'important............

29 ▪ J'ai besoin qu'on reconnaisse mes efforts............

30 ▪ J'aime briller en société, être le point de mire............

31 ▪ On dit de moi que je suis quelqu'un de réservé............

32 ▪ Je pense que les gens ne sont pas assez exigeants............

33 ▪ J'ai horreur des gens qui travaillent en dilettante............

34 ▪ Je déteste attendre derrière les autres............

35 ▪ On dit de moi que je suis un peu « Peace and Love »............

36 ▪ J'adore laisser les autres véhicules loin derrière moi quand le feu passe au vert............

37 ▪ Je suis prêt à tout pour ne pas faire de la peine............

38 ▪ Je pense que si tout le monde faisait des efforts les choses pourraient aller beaucoup mieux............

39 ▪ On me dit tyrannique parce que je supporte mal les erreurs............

40 ▪ Je pense qu'on a raison de toujours se méfier des autres............

Reportez vos différents résultats dans les catégories suivantes, où les chiffres correspondent aux numéros des questions posées. Puis faites le total de vos résultats.

- **Catégorie SF** :
  résultats des questions
  1... 10... 13... 18... 21... 30... 31... 40...
  total des SF =...
- **Catégorie SG :**
  résultats des questions
  2... 7... 14... 20... 22... 26... 35... 37...
  total des SG =...
- **Catégorie EE :**
  résultats des questions
  3... 9... 15... 16... 25... 29... 33... 38...
  total des EE =...
- **Catégorie BP :**
  résultats des questions
  5... 8... 12... 19... 24... 28... 32... 39...
  total des BP =...
- **Catégorie VV :**
  résultats des questions
  4... 6... 11... 17... 23... 27... 34... 36...
  total des VV =...

Commentaires des résultats

Commentaire général :

Faites tout d'abord le total de vos résultats, toutes rubriques confondues.

1. Si le total de vos scores se situe entre 30 et 40, le caractère irréaliste de vos exigences ainsi que la force inflexible de vos croyances concourent sans doute activement à alourdir le vécu subjectif du stress. Face à une situation objectivement difficile, ce sont ces croyances excessives qui surtaxent tellement la demande qu'elles vous amènent, bien malgré vous, à jouer contre votre propre camp, à agir contre vos propres intérêts.
Vous restez prisonnier d'une sorte de cercle vicieux. Plus vos mots d'ordre se montrent inflexibles, et plus ils se montrent inefficaces. Plus ils sont inefficaces et plus ils génèrent de l'anxiété, plus vous êtes anxieux, et

plus il vous est difficile d'imaginer en souplesse et de mettre facilement en pratique des solutions nouvelles, inventives, légères, efficaces et donc satisfaisantes.

Si le total de vos points se situe entre 20 et 30, vous vivez de façon plus souple et plus légère la situation évoquée ci-dessus. Toutefois, vous êtes encore trop sensible à l'influence de vos croyances ou de vos exigences excessives.

Plus votre score se situe en dessous de la moyenne (soit moins de 20 points), plus vous vous montrez immunisé contre le caractère toxique de certaines pensées, croyances et exigences.

Commentaire rubrique par rubrique :

Considérez chacun de vos scores obtenus dans chaque rubrique. Arrêtez-vous tout particulièrement sur ceux de vos résultats qui dépassent clairement la moyenne. Ils correspondent vraisemblablement à des mots d'ordre qui sont particulièrement actifs pour vous.
Ces mots d'ordre ou ces croyances commencent à faire peser un poids considérable sur l'appréciation subjective du stress lorsque vos scores dépassent la moyenne.

1. « Sois fort »

Vous avez votre score maximum dans la catégorie SF.
SF signifie Sois Fort.

Avantages : Celui qui a pour mot d'ordre prioritaire l'injonction « Sois fort » est quelqu'un qui sait prendre ses responsabilités. Ses partenaires savent qu'il est fiable et qu'il respectera ses engagements. Il contrôle bien ses émotions et sait résister à la pression.
Il a beaucoup d'énergie et s'investit fortement dans tout ce qu'il entreprend. C'est un battant, qui aime la compétition et les défis. Gagner, et surtout gagner sur les autres, lui procure de grandes satisfactions et le confirme dans sa valeur.

Inconvénients : Celui qui a pour mot d'ordre prioritaire « Sois fort » apparaît souvent comme quelqu'un d'insensible, qui ne montre jamais ses sentiments et ne se préoccupe pas beaucoup des sentiments des autres. Il aime tout contrôler et, de ce fait, il rechigne à faire confiance et à déléguer.

C'est un personnage entier ; il a du mal à relativiser et à nuancer ses jugements, qui présentent souvent une forte composante hostile.
Il ne sait pas ralentir dans son activité et ne sait pas se détendre.
Il est dur avec lui-même et soumet son organisme à un régime très élevé de stress. C'est donc un bon candidat pour les maladies cardio-vasculaires.
Il organise tout son comportement autour de l'idée que nul ne doit se douter de ses faiblesses. Peut-être même, pense-t-il qu'il doit lui-même être exempt de faiblesses. Il présente toutes les caractéristiques du stressé grand format.

2. « Sois gentil »

Vous avez une majorité de points en SG.

Avantages : Celui qui a son score maximum en « Sois gentil » est quelqu'un de très aimable, souriant, disponible. Il est facile à vivre, plutôt conciliant et ne pose pas de problèmes par ses exigences. C'est quelqu'un de très sensible qui trouve son plaisir en se dévouant au bonheur des autres. C'est une figure maternante, et beaucoup de dévoués sont des femmes. On rencontre aussi beaucoup de dévoués dans les métiers médicaux et paramédicaux, ainsi que dans les fonctions de conseil.

Inconvénients : Il fait passer ses désirs bien après ceux des autres, agissant comme si lui-même n'avait aucune importance. Il vit sans se donner de priorités. C'est quelqu'un dont on peut dire « Pour lui, c'est le dernier qui a parlé qui a raison ». Il est quelqu'un d'influençable, souvent débordé, qui ne sait surtout pas dire non, car ce serait absolument contraire à son désir de plaire à tout le monde. Comme il ne sait pas exprimer clairement ce qu'il veut ou pense, on lui reproche parfois d'être manipulateur. Sa tendance à la surprotection est un peu étouffante, et n'incite pas les autres à progresser en se confrontant aux difficultés. Le côté excessif de cette croyance tient à l'idée qu'il est possible de faire plaisir à tout le monde. Cet objectif plus qu'irréaliste pèse beaucoup dans l'évaluation subjective des stress.

3. « Encore un effort »

Vous avez votre score maximum dans cette rubrique.

Avantages : Celui qui a son maximum dans cette rubrique est quelqu'un qui ne va pas ménager ses efforts pour agir. Il est courageux et se dépense beaucoup pour arriver à ce qu'il souhaite. Son agenda est toujours bien rempli. Et il acceptera toujours volontiers d'en faire encore un peu plus.

Inconvénients : Il est capable d'accumuler les détails et de multiplier les difficultés ce qui lui fait souvent perdre de vue l'objectif principal. Il se donne beaucoup de mal pour faire les choses et c'est ainsi qu'il est toujours fatigué, comme s'il avait épuisé toute son énergie. Comme il ne sait pas se reposer, il s'engage sur plusieurs tâches en même temps, mais va les gérer dans un désordre qui ne se montrera pas des plus efficaces.
Il agit comme s'il croyait fermement que la souffrance est la mesure principale de la valeur et de la qualité de ce qu'il fait. Il y a donc peu de chances que cette croyance permette de diminuer l'intensité des stress ressentis.

4. « Be perfect »

Vous avez votre score maximum dans cette rubrique.

Avantages : La personne qui a un score maximum dans la rubrique « Be perfect » est fiable, compétente et rigoureuse. C'est quelqu'un à qui on fait facilement confiance, qui se penchera à fond sur tous les détails et ne laissera rien au hasard. Son environnement est net, ordonné. Elle respectera rigoureusement les engagements donnés et se présentera toujours à l'heure. Méthodique et minutieuse, elle ne laissera passer aucune erreur, aucune approximation.

Inconvénients : Anxieuse de ne rien oublier, elle cherche à tout contrôler et peut recommencer plusieurs fois le même travail pour se prémunir d'éventuelles erreurs. Donnant trop d'importance aux détails, elle peut en arriver à perdre de vue l'essentiel de sa tâche. Sa crainte de laisser passer des imperfections lui fait perdre beaucoup de temps, au détriment de son efficience. Véritable bourreau de travail, elle se montre particulièrement exigeante. De fait, elle a beaucoup de mal à déléguer. Elle est persuadée d'être absolument dans le vrai, dans sa quête de perfection, ce qui ne l'aide pas à accepter avec bonne volonté l'idée de se remettre en question. Ce fanatisme de la perfection est une cause importante de stress, puisque toute demande se retrouve immédiatement plombée par le poids de cette exigence irréaliste.

5. « Vite, vite ! »

Vous avez votre score maximum dans cette rubrique.

Avantages : C'est une vraie petite fourmi, qui ne s'arrête jamais de courir. Elle ne perd pas de temps, chaque minute est utilisée à plein rendement.

Gourmande, ambitieuse, elle fonce, ne reste pas les deux pieds dans les mêmes pantoufles, prend des risques et va de l'avant. Elle n'est jamais la dernière pour monter dans le train du changement et de la nouveauté.

Inconvénients : Impatient, le VV ne sait pas s'arrêter et partage généreusement son stress avec tout son entourage qu'il essaie d'entraîner dans son sillage. Comme il bouge et fait beaucoup de bruit, on dit facilement de lui qu'il brasse surtout du vent, ce qui laisse entendre qu'il est moins efficace qu'il ne le souhaite.
Sa capacité à surcharger son agenda le rend facilement dispersé.
Trop souvent, son mode préféré de comportement l'amène à privilégier l'action au détriment de la réflexion. Cette débauche d'énergie se traduit par des alternances rapides entre des périodes d'excitation et de dynamisme et des périodes de fatigue et de ralentissement.
Il vit sous le régime de l'urgence. Son hyperactivité lui rend difficile tout contact avec ses sentiments intimes.

Pour aller plus loin

Lire :

- Dominique Chalvin, *Les Nouveaux outils de l'analyse transactionnelle*, vol. 2, *Pour développer l'énergie des individus et des organisations*, Paris, ESF Éditeur, 6e éd., 1996.

• Fiche 8 : Le choix

Résumé

Les contradictions qui opposent entre eux les différents rôles sociaux que l'on est amené à jouer représentent des facteurs importants de stress. Ces rôles imposent d'opérer des choix qui sont capables de générer pas mal de turbulences. À partir d'une situation personnelle, cet exercice vous propose de formaliser le cheminement nécessaire pour parvenir à faire un choix entre deux possibilités qui paraissent également importantes ou alléchantes.

Objectifs

- aider à faire un choix ;
- s'entraîner au cheminement vers un choix ;
- clarifier ses motivations ;
- faire le lien entre des raisons qui apparaissent raisonnables et le ressenti corporel qui leur correspond.

Déroulement

Prenez un bloc de papier blanc (et de quoi écrire).
Sélectionnez une situation qui vous pose problème, où il vous faut effectuer un choix entre deux possibilités qui s'opposent totalement l'une à l'autre.
Exemple tout bête : aller en vacances à la mer ou à la montagne ?
Autre exemple : à cause d'un télescopage imprévu d'agenda, vous vous retrouvez avec deux réunions où votre présence est requise, également importantes, au même moment et dans des lieux très éloignés. Impossible de faire reporter l'une ou l'autre. Il vous faut donc choisir celle à laquelle vous allez renoncer.
Autre exemple encore : deux de vos rôles se télescopent, car vous avez à choisir entre décevoir votre fils, qui comptait absolument sur vous pour son premier match important, et décevoir votre patron, qui vous « propose » une réunion de dernière minute exactement au même moment.

1 • Première étape

a ▪ Écrivez, comme titre, la première possibilité

Puis, en dessous les unes des autres, notez sur une colonne, au moins trois bonnes raisons que vous avez de la choisir.

Possibilité A

....

Je choisis la possibilité A parce que :

raison 1 ....
raison 2 ....
raison 3 ....

b ▪ Considérez la raison n° 1

- Prenez le temps de sentir ce qui se passe alors dans votre corps.
- Que se passe-t-il ? Que sentez-vous ?
- À quel endroit ?
- Prenez le temps de laisser venir un mot ou une phrase correspondant à ce que vous sentez.
- Vous pouvez, s'il y a lieu, noter ce mot ou cette phrase, sur votre feuille de papier.
- Offrez-vous le temps d'une grande respiration.

c ▪ Puis recommencez la démarche avec la raison n° 2, en veillant à bien prendre le temps de sentir la correspondance « idée = ressenti corporel »

- De nouveau, notez le mot ou la phrase qui vous vient.
- De nouveau, offrez-vous le temps d'une grande respiration.

d ▪ Renouvelez l'opération avec la raison n° 3

2 • Deuxième étape

Sur votre feuille, écrivez votre :

Description de la possibilité B

....

Je choisis la possibilité B parce que :

raison 1 ....
raison 2 ....
raison 3 ....

Puis, pour chacune des trois raisons, prenez le temps :

- de considérer cette raison,
- de sentir ce qui se passe alors dans votre corps,
- de repérer à quel endroit cela se passe,

- de laisser venir à votre esprit le mot ou la phrase correspondant à ce que vous avez perçu,
- de noter la phrase ou le mot,
- de vous offrir le repos d'une grande respiration tranquille.

3 • Troisième étape

a. Revenez à la possibilité A
Et sur une deuxième feuille, notez :

Je choisis la possibilité A
malgré la raison B n°1 (la raison, que j'avais notée, de choisir B)

....

b. Prenez alors le temps de considérer avec beaucoup d'attention cette formulation

- Puis, prenez conscience de ce qui se passe dans votre corps.
- À quel endroit cela se passe-t-il? Et comment cela se passe-t-il?
- Puis, prenez le temps de laisser venir un mot ou une phrase correspondant à ce que vous sentez.
- Notez le mot ou la phrase.
- Offrez-vous le temps de pause d'une grande respiration tranquille.

c. Puis, répétez soigneusement l'expérience en écrivant de nouveau :

Je choisis la possibilité A
malgré la raison B n°2

....

Refaites tout le processus que maintenant vous finissez par bien connaître :

- Considérez attentivement la formulation.
- Prenez conscience de ce qui se passe dans votre corps.
- Repérez où vous sentez, et comment.
- Laissez venir le mot ou la phrase correspondant à ce que vous ressentez.
- Notez ce que vous sentez sur votre feuille de papier.
- Offrez-vous la pause bienvenue d'une grande respiration tranquille.

c. Recommencez l'ensemble de la démarche avec l'argument B n°3

4 • Quatrième étape

a. Refaire la même démarche que dans le troisième temps, cette fois en choisissant la possibilité B malgré les raisons développées en faveur de la possibilité A.

Je choisis la possibilité B
- *malgré la raison A n°1,* *etc.*
- *malgré la raison A n°2,* *etc.*
- *malgré la raison A n°3,* *etc.*

5 • Cinquième étape

Que pouvez-vous retenir de ce que vous avez senti ?

....

Existe-t-il un ressenti plus fort, plus net que les autres ?

....

À quel moment ? Accolé à quelle formulation ?

....

Y a-t-il un ressenti plus négatif, plus pénible ? Un ressenti plus heureux, plus léger ?

....

Quelles informations supplémentaires cela vous donne-t-il sur votre préférence ?

....

Le choix à faire apparaît-il maintenant plus évident ?

....

Que vous reste-t-il de ces différentes étapes ? Quelles réflexions ce travail vous inspire-t-il ?

....

Quand faire cet exercice ?

Quand vous vous sentez tiraillé entre deux possibilités, et que vos capacités habituelles à prendre des décisions sont complètement débordées.

Durée

Comme vous pouvez vous en douter, l'exercice du choix ne doit pas être bâclé. C'est une expérience qui peut facilement demander une heure de travail.

Pour ceux qui ont pu développer une bonne sensibilité corporelle, cette proposition de lecture guidée des signaux corporels peut être effectuée assez rapidement.

• Questions et remarques

Faut-il absolument trouver trois raisons ?
Ce n'est pas toujours nécessaire, le travail sur les deux premières raisons peut être suffisant pour clarifier la préférence. Il arrive en effet que les ressentis corporels soient tellement éloquents qu'il n'est pas nécessaire de continuer plus avant l'exercice.

L'exercice fonctionne-t-il toujours ? Plus précisément, amène-t-il toujours une réponse ?
Non, évidemment.
Le résultat dépend beaucoup de la capacité à observer et décrypter les messages corporels.
Il peut arriver que le ressenti corporel soit trop faible pour être bien perçu, ou que les signaux soient si contradictoires qu'ils ne peuvent pas être déchiffrés.
Les choix à faire peuvent correspondre à des conflits tellement inextricables qu'il faudra passer par un lent travail de défrichage avant de pouvoir tirer un quelconque bénéfice de l'expérience.
L'exercice peut révéler le désir profond de ne pas choisir, la multiplicité des opportunités correspondant alors à une série de barrières élevées délibérément (même si c'est de façon inconsciente) pour s'interdire d'agir.

Pour aller plus loin

Cet exercice est souvent proposé par les praticiens de la méthode Vittoz.

Lire :

- Dr Roger Vittoz, *Le Traitement des psychonévroses par la rééducation du contrôle cérébral*, Paris, Éditions J.-B. Baillière, 1910, rééd. Neuchâtel, Desclée de Brouwer, 1993.
- Collectif IRDC, *Vittoz et Pédagogie*, Lyon, Chronique Sociale, 1996.
- Collectif IRDC, *Face aux ruptures de la vie*, Lyon, Chronique Sociale, 2001.

CHAPITRE III

Bio-stress, comment ça marche ?

Le chapitre précédent s'est longuement attardé à définir l'importance et la place que tiennent les facteurs psychiques dans l'appréciation et le vécu du stress. Le chapitre qui vient concerne tout particulièrement les facteurs physiologiques qui colorent le vécu corporel du stress.

I • Avec ou sans stress ?

Que se passe-t-il corporellement en l'absence de stress ?
Le sujet ne décèle aucun danger, aucun risque, aucune inquiétude, pas même l'ombre de l'idée d'un danger potentiel.
À l'extérieur de soi tout est calme, l'environnement est connu, tranquille, sans surprise.
À l'intérieur de soi, la scène est paisible, aucun souvenir pénible ne vient troubler la quiétude ressentie, aucune vieille haine ne ramène son vilain museau, pas de reproches récidivants, pas de remords cuisants, de culpabilité répétant comme en boucle un même refrain grinçant. Le passé, sagement, reste à sa place, en arrière-fond.

Dans les coulisses, l'avenir attend sans doute demain pour déployer ses chimères chatoyantes, faire vibrer ses projets tumultueux, ou libérer la force envahissante d'une liste exhaustive de tout ce qui pourrait surgir de fâcheux.
À l'intérieur de soi, le présent règne en maître, paisible et bon.

Le corps peut alors se laisser aller au rythme profond de ses fonctions vitales. L'usine biologique optimise ses résultats.

Puissant et obstiné, le cœur appelle lentement le sang vicié et le recycle en beau sang rouge oxygéné, qui pourra ensuite irriguer toute la masse corporelle. Les artères se dilatent souplement, il n'y a pas d'urgence en vue, nécessitant un transport accéléré du liquide vital. L'activité très modérée du cerveau ou des muscles moteurs ne réclame aucun apport supplémentaire de carburant.

Le rythme respiratoire est paisible. L'expiration prend tout son temps, l'inspiration se fait sans avidité ou tensions inutiles. Le bruit est léger comme une plume. Entre l'inspire et l'expire, on peut constater la présence d'un temps de pause, comme entre l'expire et l'inspire. L'ensemble du mouvement respiratoire donne une impression de fluidité et de légèreté. Ça respire tout seul, très doucement.

Pendant ce temps, le lent travail de la digestion poursuit son cours sans qu'une accélération ou une rupture intempestive ne vienne en contrarier le rythme et l'efficacité. L'estomac s'acquitte de sa tâche obscure et précieuse, broyer, malaxer, réduire et finalement transformer le bol alimentaire en bouillie assimilable. À l'issue de cette longue transformation, la mobilité des viscères viendra parachever l'honorable mission, en facilitant un transit intestinal sans anicroches.

La tonalité générale est très paisible. Le corps est relaxé, lourd, détendu. Le fonctionnement des organes se fait dans un silence bienveillant. Le sujet pourrait s'endormir sans difficultés, permettant ainsi à son corps d'effectuer dans les meilleures conditions le nécessaire renouvellement de ses réserves énergétiques.

Cette oasis corporelle de paix, ce tranquille retour sur soi se produisent sous la dépendance d'un sous-système du système nerveux appelé le parasympathique. Et c'est son antagoniste, le système sympathique, qui régit, de façon symétrique et inversée, la préparation du corps à faire face activement aux sollicitations comme aux exigences de l'environnement.

II • Système Nerveux Central et Système Nerveux Autonome

Le système nerveux se décompose en deux sous-systèmes :
- le système nerveux central (SNC) ou système volontaire,
- le système nerveux autonome (SNA), encore appelé système neurovégétatif.

Le système nerveux central (volontaire)

Le système nerveux central (ou volontaire) est le mieux connu. C'est lui qui gère toutes les interactions volontaires du sujet avec son environnement. C'est le système qui assure les fonctions supérieures, telles que la pensée, la perception, l'attention, la volonté, l'élaboration et la mise en route des comportements volontaires.
Il est composé du cerveau, organe particulièrement bien considéré, de la très précieuse moelle épinière et de l'ensemble rayonnant des nerfs effecteurs et

récepteurs. Les nerfs récepteurs fonctionnent dans le sens « périphérie vers le cerveau ». Les nerfs effecteurs fonctionnent à l'inverse dans le sens « cerveau vers la périphérie ».

Les nerfs récepteurs permettent à l'organisme de recevoir et de transmettre au cerveau les informations qui proviennent de l'environnement, et qui sont recueillies par les différents organes des sens (la peau, les yeux, les oreilles, le nez, la bouche). L'ensemble des organes sensoriels agissent comme des sortes de radar à l'affût du moindre élément permettant de signaler l'approche d'un éventuel danger.
Au cours des deux premières années de la vie de l'enfant, l'ensemble de ces informations sensorielles ont joué un rôle de premier plan dans l'établissement du sentiment de la continuité de soi. Il s'agit d'une étape développementale extrêmement importante, où la mère (ou son substitut) enseigne peu à peu à l'enfant à reconnaître, apprivoiser et nommer ses différents ressentis. C'est cette étape, étayée par la présence rassurante d'un adulte, qui constitue les fondations du sentiment de sécurité personnelle. Une grande part de ce que l'on appelle la confiance en soi est acquise au cours de ce bain de sensorialité et rend l'enfant (et plus tard l'adulte) capable de continuer à progresser et à développer harmonieusement ses potentialités.

Au cours de leur voyage de la périphérie du corps vers le centre cérébral, les informations sensorielles sont en permanence reçues et triées, et peuvent être ou rejetées ou bien retenues et traitées. Différents relais (comme la moelle épinière au niveau de la colonne vertébrale ou le thalamus, glande située dans le cerveau) permettent d'opérer les tris préalables, rejettent ce qui ne paraît pas important, et laissent filtrer ce qui aura l'honneur d'être reçu aux étages supérieurs.
Cette sélection se fait sur un mode le plus souvent non conscient.
Puis, les informations sélectionnées sont admises pour traitement dans certaines aires du cortex cérébral (les aires sensitives et les aires associatives) spécialisées dans la réception et l'analyse des informations sensorielles ainsi que leur association avec les différentes mémoires de mots, de situations ou de gestes.
Ce traitement, à la fois extrêmement complexe et particulièrement rapide, n'est pas toujours entièrement conscient, comme, par exemple, lorsqu'on évite, sans même s'en rendre compte, les multiples obstacles qui s'opposent à notre cheminement sur les trottoirs de la ville.
Selon les cas, le traitement des données sensorielles peut déboucher sur une décision d'action, dont la réalisation passera par le système neuro-musculaire responsable de la motricité volontaire.

Observons l'exemple bien ordinaire d'un homme au travail :
Monsieur X est assis devant son ordinateur. Il paraît complètement absorbé par sa tâche. Il ne semble pas entendre les sonneries des téléphones de ses voisins de bureau, ni la conversation *sotto voce* des représentants assis non loin de là. Pourtant, ces bruits sont perçus par ses oreilles, mais restent traités à un niveau non conscient.
Soudain, c'est le téléphone posé sur le bureau de M. X qui se met à sonner. On peut supposer alors que c'est peut-être grâce à son intensité particulière et sa localisation bien précise dans l'espace que cette information sonore spécifique est repérée et extraite du brouhaha ambiant. Elle est alors reçue, reconnue, retenue par le système qui opère le tri, décodée puis traitée comme il convient. Ce travail sensoriel débouche sur une séquence comportementale assez élaborée. L'observateur attentif peut constater que M. X arrête de taper sur son clavier, pousse peut-être un léger soupir, porte son regard vers l'appareil téléphonique et opère un mouvement bien ajusté de préhension du combiné. Puis il va le détacher de son support, porter vers son oreille la partie haut-parleur, diriger vers sa bouche la partie microphone, tout en produisant les sonorités adéquates « Allo ! ici M. X, je vous écoute... »

Cette séquence très banale de comportement est rendue possible par le fonctionnement du système nerveux volontaire. Elle met en œuvre une série plus que complexe de savoirs acquis, de compétences, de savoir-faire mémorisés, de capacités à repérer les sons utiles dans un brouhaha, de sens des responsabilités, de capacités à quitter une activité pour diriger son attention vers une autre, de maîtrise du geste et du mouvement de préhension, de maîtrise de la boucle phonologique, de réglage du niveau sonore de la voix, etc. L'ensemble de ces savoirs accumulés permet au sujet de fabriquer, en un clin d'œil, une réponse « sur mesure » parfaitement adaptée aux contraintes et aux sollicitations de son environnement.
C'est pour cette belle capacité à fournir des réponses minutieusement élaborées en fonction du contexte que le SNC est appelé le système nerveux de la vie de relation.

Le système nerveux autonome

Le système nerveux autonome, lui, ne se préoccupe pas de fabriquer ou d'inventer des réponses sur mesure. Il régit les grandes fonctions liées à la survie :
- mise en éveil de l'organisme ou sa mise en sommeil ;
- faim, satiété et digestion ;
- circulation du sang ;
- mouvement respiratoire ;
- fonctions de reproduction.

Ces fonctions agissent la plupart du temps de manière routinière et silencieuse. Elles n'en demeurent pas moins vitales pour l'organisme.
Dieu soit loué, ces fonctions de base s'accomplissent non seulement en dehors de la conscience mais aussi et surtout en dehors de la volonté du sujet. Le cœur bat sans qu'on y pense. La respiration se fait en dehors de la volonté consciente. La volonté ou la conscience n'ont pas davantage à voir avec le lent travail de la digestion. Ce n'est pas la volonté qui déclenche la salivation, la transformation du bol alimentaire, le nécessaire tri entre ce qui est utile à l'organisme et sera gardé et ce qui ne servant à rien, sera inexorablement poussé vers la sortie pour être *in fine* éliminé.

Comme on va le voir plus précisément ci-dessous, le système nerveux autonome joue le rôle d'un chef d'orchestre silencieux qui commande et coordonne avec une autorité incontestée les activités des fonctions corporelles essentielles à la survie.

UN CHEF D'ORCHESTRE SILENCIEUX

Le système nerveux autonome fonctionne sur deux registres bien distincts, l'un excluant *grosso modo* l'autre, et réciproquement.

a. Le premier registre est celui du système parasympathique, c'est le registre « trophotrope ». C'est un registre de temps de paix. La mission du système parasympathique consiste à assurer le ravitaillement optimal des cellules (*trophè*, en grec, signifie « nourriture »), à optimiser la fabrication et le stockage des réserves nutritives, à réparer ce qui doit l'être et permettre un repos reconstituant pour tout l'organisme.

b. Le second registre est celui du système sympathique. On l'appelle le registre « ergotrope ». C'est celui qui nous fournit le carburant dont nous avons besoin pour assurer toutes nos activités de la vie quotidienne. C'est un registre qu'on peut très clairement, suite aux travaux de W.B. Cannon, qualifier de temps de guerre. Face à toute stimulation, toute exigence pressante de l'environnement, c'est-à-dire pour simplifier face à toute situation stressante, l'organisme répond par une sorte de mobilisation générale des énergies disponibles qui prépare le corps à faire face, par le combat, l'affrontement ou la fuite, c'est-à-dire par une activité motrice intense, à ce qui est considéré comme une menace potentielle.

c. Des effets très concrets
Cette notion de mobilisation n'est pas une simple image commode. Le corps est effectivement mis sous tension de manière très concrète.

Le système sympathique, relayé par le système endocrinien, déclenche chaque fois qu'il se sent dans une situation de menace potentielle, les modifications corporelles suivantes :

- il augmente le rythme cardiaque ;
- il modifie le diamètre des artères, soit dans le sens de la vasoconstriction, soit dans celui de la vasodilatation ;
- il augmente la tension artérielle ;
- il accélère le rythme respiratoire ;
- il diminue l'amplitude du mouvement respiratoire ;
- il accroît le débit sanguin dans le cerveau ;
- il diminue le débit sanguin cutané ;
- il déclenche la mydriase (dilatation de la pupille) ;
- il est responsable de la pilo-érection ;
- il augmente le tonus musculaire ;
- il augmente la sensibilité auditive ;
- il augmente l'acuité visuelle ;
- il augmente la sécrétion d'acides gastriques ;
- il diminue le mouvement très léger des viscères.

d. Une logique de guerre

L'ensemble de ces réactions a pour but la préparation du corps à l'action. La logique du fonctionnement corporel devient une logique de guerre, une logique de survie. Tout doit être subordonné, de manière rigoureusement prioritaire, au soutien des capacités à faire face, se battre ou fuir.

C'est ainsi que le sang doit être expédié sans lambiner, afin de fournir au plus vite la quantité nécessaire d'oxygène aux muscles qui doivent assurer le combat ou la fuite. Ce même sang chargé d'oxygène doit pouvoir irriguer abondamment le cerveau afin d'assurer un fonctionnement et une vigilance optimales de celui-ci. Cette circulation accélérée permettra aussi une élimination plus rapide des déchets.

Pour cela, grâce aux effets conjugués de l'adrénaline et de la noradrénaline, dont la sécrétion est commandée par le système sympathique, le cœur bat plus vite, et les contractions cardiaques sont plus fortes. Comme cette augmentation du travail du muscle cardiaque nécessite en parallèle une augmentation de la consommation d'oxygène, celle-ci est rendue possible par l'accélération concomitante du rythme respiratoire.

Un second effet de l'adrénaline et de la noradrénaline s'avère sans doute moins directement perceptible que la vitesse des battements cardiaques dans l'expérience intime ordinaire que nous avons du stress. Il s'agit de la modification du calibre des vaisseaux. Les artères qui desservent le cerveau, les muscles du squelette, les poumons et le cœur, sont dilatées grâce à des récepteurs spécifiques à l'adrénaline situés sur les muscles lisses qui les entourent. L'élargissement ainsi provoqué des voies circulatoires permet d'alimenter plus généreusement les organes que la mobilisation générale contre la situation stressante rend particulièrement assoiffés d'hémoglobine bien fraîche.

Et pendant ce temps, un certain nombre d'autres artères, celles qui irriguent les intestins, les reins ou la peau subissent au contraire une vasoconstriction. Ces voies circulatoires ainsi resserrées entraînent une réduction des apports sanguins dans les zones moins immédiatement sollicitées par l'imminence de la lutte. À l'arrière de la ligne de front, c'est une sorte de pénurie organisée qui s'installe.

Au total, cette réorganisation de la circulation sanguine est au service de la victoire contre l'adversité.

e. Limiter les effets d'éventuelles blessures

Parallèlement, les effets cumulés de la vasodilatation et de la vasoconstriction aboutissent à une diminution globale du volume vasculaire, suscitant ainsi une élévation de la pression sanguine. Cette augmentation de la pression permet de pallier les risques d'une hémorragie toujours susceptible de survenir dans un contexte de défense.

D'autres facteurs hormonaux que l'adrénaline viennent contribuer à l'élévation de la pression sanguine. La vasopressine, par exemple, joue une part importante du rôle hypertenseur. Elle contribue à augmenter le volume sanguin en favorisant la réabsorption de l'eau au niveau des reins.

Un autre facteur hormonal, l'aldostérone, participe au même effort hypertenseur. En agissant au niveau des reins et du tube digestif, l'aldostérone module la rétention de sodium dans le sang, d'où une possibilité supplémentaire de retenir davantage d'eau dans le sang, et d'augmenter ainsi le volume sanguin.

Dans la même visée protectrice, la diminution du débit sanguin cutané permet d'éviter une perte de sang trop importante en cas de blessure éventuelle. Citons au passage un autre aspect du rôle essentiel, en terme d'homéostasie, de cette diminution, due aux réactions de stress, de la circulation cutanée. En effet, en cas d'exposition au stress bien spécifique que représente un froid intense, elle permet de diminuer les pertes caloriques et préserve ainsi la constance de la température corporelle centrale.

La très précieuse adrénaline a elle aussi des effets très positifs au cas où, pendant la lutte, surviendrait une blessure. C'est elle en effet qui va provoquer une augmentation de la concentration des plaquettes sanguines au voisinage de la zone atteinte.
Ces plaquettes, en s'agglutinant, vont jouer un rôle de tampon hâtif, qui va diminuer les risques d'hémorragie. Consciencieuses, ces mêmes plaquettes vont, dans le même temps, favoriser une vasoconstriction locale, ce qui contribuera encore à diminuer le volume des pertes en réduisant l'arrivée du flot sanguin.
Citons enfin la contribution de la rate. À sa manière modeste, elle participe à l'effort de guerre en réquisitionnant de vieilles cellules sanguines qui étaient « bonnes pour la réforme » et qui, compte tenu de l'état d'urgence, sont renvoyées faire un tour supplémentaire de service actif dans le circuit sanguin.

Rappelons que ces manifestations belliqueuses se mettent automatiquement en œuvre, quels que soient les stresseurs, quelles que soient les situations, quelle que soit la forme du danger. Comme un petit soldat discipliné, la machinerie corporelle prend très au sérieux tout ce qui est interprété comme une menace par les instances supérieures cérébrales, qu'il s'agisse d'un dossier en retard, d'un client mécontent, d'un dispositif informatique défectueux ou enfin d'une véritable agression à main armée. À la moindre émission du signal de danger, le corps se met en alerte générale.

f. Maîtriser le danger

Prenons quelques exemples de la manière dont notre corps, par ses mécanismes internes, essaie de mieux maîtriser les dangers qui se présentent à lui :

- La mydriase, élargissement de la pupille, permet d'y voir mieux dans l'obscurité et ainsi de repérer plus vite les mouvements de l'ennemi.
  L'effet de la mydriase peut être utilisé pour faire l'hypothèse de la présence d'un état de stress chez l'une ou l'autre des personnes auxquelles nous sommes confrontés.
  Ainsi, Boris Cyrulnik, dans un entretien avec Marie de Solemne (Éditions Dervy), cite l'exemple des situations où un individu est amené, pour mille et une raisons, à mentir. Le stress de cette situation, ou peut-être la seule crainte que son mensonge ne soit découvert, se repèrent à la réaction de ses pupilles.
  B. Cyrulnik affirme : « Même un bon menteur peut être dévoilé par certains comportements qui lui échappent. Soit il rougit légèrement, soit il peut avoir

une mydriase des pupilles provoquée par l'émotion, et cela, il ne peut le contrôler. L'émotion peut être contrôlée dans les muscles, mais pas dans la pupille. »
La mydriase s'accompagne d'un relâchement des muscles ciliaires qui sont les muscles de l'accommodation à la vision de loin, et concourt ainsi à une appréhension plus fine du danger.

La dilatation des pupilles constitue aussi un excellent moyen de signifier à l'autre l'étendue de sa colère, de lui faire peur par la puissance destructrice de son agressivité, en quelque sorte de le « fusiller du regard ».

- On constate, parallèlement, un abaissement des seuils de perception auditive, qui joue un rôle non négligeable dans la recherche d'informations sur l'ennemi. Notons au passage que cette augmentation de la sensibilité auditive peut constituer un facteur supplémentaire de plaintes concernant le bruit. En effet, les plaintes à l'encontre d'un environnement trop bruyant se retrouvent très souvent dans le tiercé gagnant des reproches faits aux entreprises. Si, dans de nombreux cas, c'est évidemment un niveau sonore excessif qui constitue une cause objective de stress, il existe aussi de nombreuses situations où la raison première de la plainte doit être recherchée dans le stress préexistant à la nuisance sonore. Dans ces cas, une nuisance sonore considérée comme normale ou modérée par toute personne en état de calme ou de détente, devient réellement insupportable pour celui qui est stressé.

- En plus de la mydriase, il existe un autre leurre destiné à impressionner l'adversaire, qui porte le joli nom de « pilo-érection », manière savante de signifier le fait d'être « hérissé » ou d'avoir « les cheveux qui se dressent sur la tête ». Il s'agit là d'une manœuvre tout à fait involontaire, dont la fonction est de se montrer plus fort, plus menaçant. Ainsi agit le chaton dont la fourrure double de volume lorsqu'il prétend, grâce à cet habile stratagème, mettre en déroute le gros chien du voisin.
  Toutefois, l'efficacité d'une telle manœuvre, en face d'un patron pas commode, d'un chef de service peu amène ou d'un collaborateur récalcitrant n'a, jusqu'à ce jour, pas été entièrement démontrée.

g. Fournir de l'énergie

La réponse corporelle à toute situation de stress réclame une nette augmentation de la consommation d'énergie. C'est le glucose (mieux connu sous la dénomination courante de sucre) qui représente un des principaux fournisseurs d'énergie pour l'ensemble de la musculature. Transporté par le sang en tous les points où son usage est requis, il est le carburant indispensable de l'activité musculaire. Il existe donc une série d'hormones qui, en cas de stress, anticipent une demande accrue en fourniture d'énergie et, par une série de modifications métaboliques, permettent une augmentation notable du taux de glucose circulant dans le sang. Un exemple de ces modifications métaboliques est la transformation en glucose du glycogène habituellement stocké dans le foie. Cette transformation se fait sous la commande de l'adrénaline qui à la fois inhibe la synthèse (la fabrication) du glycogène, et stimule la transformation en glucose des stocks déjà existants de glycogène.

Un autre centre de production de l'énergie est situé dans les muscles du squelette, en un circuit quasi autarcique qui va directement de la production à la consommation. Mais, dans ce cas, la transformation du glycogène ne débouche pas sur la fabrication de glucose. Plus précisément, il s'agit d'un processus appelé glycolyse, qui a la particularité de permettre localement au muscle de fournir un effort immédiat et très important. C'est donc un carburant « à l'improviste » qui ne peut être utilisé longtemps, car la réserve du muscle en glycogène est faible et, par ailleurs, sa transformation est polluante pour l'environnement puisque c'est elle qui déclenche la production de l'acide lactique, responsable des courbatures.

En même temps, et afin de préserver la présence d'un taux important de sucre dans le sang, la production d'insuline, qui a normalement pour mission de diminuer la valeur du taux de glycémie, est freinée.

Il existe un autre carburant important, ce sont les acides gras.
Mis en réserve dans les cellules adipeuses, ils sont eux aussi mobilisés par les hormones du stress et transportés dans le sang.

De son côté, l'estomac participe lui aussi à l'effort général de mobilisation. En effet, par une sécrétion fortement accrue de sucs gastriques, la muqueuse de l'estomac permet une transformation plus rapide des aliments en énergie.

Ce qui est à retenir, c'est que cette mobilisation très concrète d'énergie présente une importance vitale, car c'est elle qui permet, lorsqu'il y a danger, d'assurer la survie de l'individu. C'est elle qui a permis à l'espèce humaine de faire face à tous les dangers, grands et petits, auxquels elle a été confrontée, froid, chaleur, pluie, sécheresse, faim, soif, prédateurs, attaque contre le territoire, reproducteurs rivaux...

De l'homme hirsute sorti de sa caverne pour aller chasser l'indispensable bison au jeune cadre bien propre sur lui, en route pour de nouveaux développements de sa carrière, c'est encore et toujours cette même belle énergie corporelle qui donne la force, l'élan nécessaire pour faire face aux exigences quotidiennes de la vie, et pour continuer à progresser, de défi rencontré en défi surmonté.

On peut toutefois s'interroger sur le sort de cette débauche d'énergie quand elle n'est pas immédiatement mise au service d'une action motrice clairement identifiée.
Que vont devenir ces substances sécrétées au service d'une action physique intense lorsque seule une réponse principalement intellectuelle est requise ? Quel rôle peut jouer cette belle énergie corporelle, mobilisée pour se battre ou pour fuir, alors que bien peu de situations professionnelles actuelles, même les plus menaçantes, nécessitent pour être réglées un engagement physique tel que le combat au corps à corps ou la fuite à toutes jambes ?
Quelles conséquences peut-on envisager pour la santé d'un sujet lorsqu'une accumulation de périodes de stress a soumis trop longtemps son corps à un tonus de combat, lorsque le système sympathique n'a pas su, n'a pas pu, ou peut-être n'a pas voulu laisser la place aux effets bienfaisants de l'action réparatrice du parasympathique ?

III • Les conséquences prévisibles

LE FONCTIONNEMENT IDÉALEMENT NORMAL

Dans le meilleur des cas, lorsque la situation stressante est surmontée au mieux des intérêts du sujet, le fonctionnement du système sympathique peut tout naturellement laisser la place au système parasympathique, qui va, selon sa nature, permettre la mise au repos et une nécessaire récupération de l'organisme. C'est ce qui se passe lors d'une alternance régulée des phases sympathiques et parasympathiques, lorsque le sujet sait alterner avec justesse les inévitables périodes de tension avec de non moins indispensables moments de détente.
En présence de zéro stress (à supposer qu'une telle situation puisse exister), le sujet humain n'a pas à sa disposition l'énergie nécessaire pour agir. En présence de 100 % stress (pourquoi est-il plus facile d'imaginer que cela puisse exister ?), le sujet humain finit par dépenser toute l'énergie que son corps est capable de sécréter, ce qui amène à cette situation dramatique d'épuisement physique et psychique que les Anglo-Saxons appellent le *burn out*.

En effet, les problèmes commencent sérieusement à se poser lorsque le sujet est soumis à une succession ininterrompue de stress qui mobilise, sans période suffisante de repos et de récupération, le système sympathique. On se retrouve alors dans la mauvaise issue du troisième temps des trois phases du stress, c'est-à-dire l'épuisement du sujet. C'est alors que peut se déclencher une série de pathologies somatiques souvent extrêmement graves.

DES HYPOTHÈSES VRAISEMBLABLES

Il est plus que vraisemblable qu'il existe des liens de cause à effet entre une succession de stress ayant entraîné, sans possibilité de relâche, une trop longue période de surtension artérielle et l'installation d'une pathologie telle que l'hypertension artérielle. De nombreuses études médicales sur l'hypertension artérielle vont dans ce sens. On a vu précédemment les effets conjugués sur les vaisseaux sanguins du système sympathique et de l'adrénaline. Il y a peu de chances que les artères trop longtemps rigidifiées sous la dictature serrée du sympathique soient capables de retrouver au premier timide clin d'œil du parasympathique, l'élasticité et la plasticité de leur jeunesse.

Un même constat peut être fait au niveau de la fatigue du muscle cardiaque. On a vu que le stress avait un effet d'accélération immédiat sur le rythme et l'intensité des battements cardiaques. Lorsque le muscle a été en permanence et sur de longues périodes sollicité à un rythme supérieur à son rythme de croisière, on peut craindre des conséquences parfois fatales sur le bon fonctionnement de l'ensemble du système cardio-vasculaire.
Un grand nombre de spécialistes de médecine cardio-vasculaire s'appuient, pour leurs préconisations thérapeutiques, sur le constat d'une forte corrélation entre la fréquence d'apparition de maladies du système cardio-vasculaire et un tonus général de vie hyper-stressé.

Ainsi, les actions de prévention des pathologies cardio-vasculaires mises en place par les services hospitaliers proposent-elles des programmes d'éducation visant à faire acquérir aux malades un mode de vie plus sain, plus respectueux des grands équilibres physiologiques. Ces programmes comprennent un apprentissage systématique de méthodes de relaxation. C'est en effet cette pratique, lorsqu'elle est régulière, qui facilite une alternance souple et équilibrée entre les périodes de mise en route du système sympathique et celles du système parasympathique. Intégrée à la vie quotidienne, la relaxation, dont nous verrons par la suite des exemples tout simples à pratiquer au jour le jour, offre ainsi à l'organisme les temps de repos qui lui sont nécessaires pour reconstituer ses réserves.

LES TROUBLES MUSCULO-SQUELETTIQUES

Que devient un tonus musculaire en permanence exacerbé ? Quelles douleurs, quels maux de dos, de nuque, etc. ? On peut se demander combien de souffrances, parfois légères et parfois non, sont ainsi en lien direct avec des stress accumulés.
On peut se demander combien d'heures et de jours de travail sont ainsi perdus. Un simple regard sur le nombre (et le pourcentage) des absences médicalement justifiées pour cause de mal au dos devrait suffire à alerter les responsables du personnel de l'importance de ces problèmes.
Il ne s'agit pas, bien évidemment, de supposer un lien causal univoque et exclusif entre accumulation de stress et douleurs dorsales. Toutes les douleurs dorsales ne sont pas causées directement par le stress. Tous les stress ne causent pas automatiquement des dorsalgies. Et pourtant, bien des souffrances pourraient être atténuées ou épargnées, bien des jours de travail regagnés, si une politique plus ouverte à la prévention des effets des excès de stress était mise en place.

UNE DIGESTION PÉNIBLE

Dans la mesure où l'un des trois éléments du Syndrome Général d'Adaptation découvert par Selye dans sa population de rats maltraités est la permanence d'ulcérations profondes de l'estomac, on peut supposer sans trop de risques qu'il n'existe aucune raison pour que la sphère digestive soit immunisée contre les effets néfastes d'une accumulation de stress.
Que l'on se rappelle tout simplement ce qui se passe au niveau de l'estomac, sommé d'expédier en vitesse son travail de digestion, à grand renfort de sécrétions accrues, afin de fournir plus rapidement l'énergie nécessaire au tonus de guerre. Que peut-il bien advenir de la muqueuse gastrique lorsqu'elle a été à hautes doses inondée d'acides ? Il n'est pas complètement ridicule de supposer que là, dans ce traitement sans aucune douceur, réside trop souvent l'origine de nombreux et douloureux ulcères à l'estomac.

Que se passe-t-il au niveau du fonctionnement des intestins, fonctionnellement ralentis pendant la suprématie du système sympathique ? Combien de constipations opiniâtres n'ont-elles pas pour origine des stress cumulés ?
Comme dans le cas des pathologies évoquées ci-dessus, rien ne permet d'affirmer que toutes les constipations ont le stress, et seulement le stress, pour origine.

De même, il n'est pas strictement prouvé que tous les ulcères à l'estomac sont obligatoirement liés à des situations de stress.

C'est pourquoi, en cas de problème concernant le système digestif, il est nécessaire de consulter son médecin afin que soit traitée au mieux la situation somatique.
Cependant, rien n'empêche chaque sujet de profiter de l'alerte somatique pour questionner sa façon de vivre et rechercher la présence éventuelle d'une succession de stress pouvant être à l'origine des troubles, ou en avoir facilité l'apparition, ou avoir pesé sur l'évolution de symptômes déjà existants.

Exemple de Daniel D.

Daniel D. est cadre moyen dans une entreprise de services. L'année dernière, il lui a été proposé un changement de poste qui lui a permis une ascension hiérarchique dont il est très heureux.
Lorsque nous le rencontrons, il souffre d'un début d'ulcère à l'estomac, médicalement diagnostiqué et traité. Invité à réfléchir sur ce qui s'est passé dans sa vie pendant les derniers mois, il repère une accumulation de stress dont il n'avait pas complètement mesuré l'ampleur :

- depuis qu'il a changé de fonction, il doit effectuer un trajet beaucoup plus long pour se rendre chaque jour à son travail. Au total, il lui faut dorénavant deux heures pour effectuer le trajet aller-retour ;
- pour cela, il doit se lever beaucoup plus tôt le matin, ce qui l'empêche d'accompagner à l'école sa fille Lucie, ce qu'il faisait auparavant avec un grand plaisir ;
- ses nouvelles responsabilités lui plaisent beaucoup mais il n'est pas vraiment sûr d'être à la hauteur de ce qu'on attend de lui. Il craint de ne pas agir comme il devrait, de ne pas en faire assez ;
- il ne peut parler avec personne de ses doutes ;
- il travaille avec une nouvelle équipe, très professionnelle et efficace. Mais il n'a pas réussi, pas encore en tout cas, à recréer avec cette équipe l'ambiance chaleureuse et confiante qu'il avait su instaurer avec ses anciens collaborateurs. Ce climat amical et solidaire lui manque. En cas de coup dur, il ne sait pas s'il serait véritablement soutenu par sa nouvelle équipe ;
- son nouveau patron est un homme de prestige, plus soucieux de politique extérieure que de « perdre son temps précieux » à l'écoute des difficultés de ses proches collaborateurs. De plus, il est difficile de savoir ce qu'il veut vraiment, ses objectifs apparaissent assez flous et il a l'habitude de pratiquer des volte-face aussi souvent inattendues qu'incompréhensibles ;
- comme Daniel est inquiet, il lui arrive de plus en plus souvent de ramener des dossiers à la maison, le soir ou le week-end ;

- le souci de ne pas être à la hauteur ne le lâche pas, il finit par éroder tout le plaisir qu'il aurait pu tirer de son travail ;
- il ne prend plus le temps de déjeuner le midi, et se contente d'un mauvais sandwich pris sur le pouce ;
- il a sérieusement augmenté sa dose quotidienne de café ;
- sa femme lui reproche de ne plus être disponible, d'être souvent absent ou, pendant les rares moments où il est là, de se montrer grognon ou préoccupé. Il a le sentiment qu'elle ne le soutient pas assez, voire qu'elle lui en veut de son manque de disponibilité. L'ambiance familiale n'est donc pas au beau fixe. Sa fille aussi lui fait la tête, car elle se plaint de ne plus avoir avec lui les moments de complicité qu'ils partageaient chaque matin quand il l'accompagnait à l'école.

Lors de sa réflexion, Daniel se rend compte qu'il a laissé le stress généré par sa nouvelle situation professionnelle envahir petit à petit toute sa vie quotidienne. Plus rien n'est venu interrompre la litanie chagrine de ses inquiétudes.

L'annonce de la maladie somatique a été comme un coup de tonnerre qui a eu pour effet bénéfique d'obliger Daniel à s'interroger sur son nouveau mode de vie. Cet accident a brutalement interrompu l'engrenage stressogène dont il était prisonnier sans vouloir le reconnaître, ni se le dire clairement. Le souci de n'être pas à la hauteur l'empêchait de se reposer, de prendre un peu de recul, tandis que l'absence de repos le privait des moyens aussi bien physiques que psychiques d'alléger et de relativiser le poids du souci.

IV • Un brin de polémique, juste pour réfléchir

Réfléchir ne peut pas nuire

L'exemple de Daniel amène à réfléchir sur le fait que trop souvent, dans l'entreprise, c'est seulement l'atteinte somatique, avec son caractère d'évidence irréfutable, qui offre une issue possible à l'engrenage du trop de stress.

On peut objecter, à juste titre, que les sujets qui souffrent de situations de stress qui leur semblent inextricables ne choisissent pas délibérément l'issue somatique. On peut aussi, et avec raison, objecter à cette remarque le fait que l'esprit n'a pas sur le corps un pouvoir discrétionnaire tel qu'il lui permettrait de n'en faire qu'à sa tête.

Une troisième objection, valable elle aussi, s'appuie sur le fait que tous les sujets ayant à subir ou ayant subi une succession de stress ne se fabriquent pas, en guise d'échappatoire (que seules les personnes n'en ayant jamais souffert pourraient qualifier de commode), un ulcère à l'estomac.

Notre objectif n'est pas d'enfermer nos lecteurs dans un raisonnement déjà bouclé, complètement univoque, où toute manifestation somatique pathologique devrait automatiquement être attribuée à l'excès de stress. Ce que nous souhaitons, c'est susciter l'étonnement aussi bien collectif qu'individuel, permettre des questionnements fructueux, et, à partir de là, encourager une attitude ouverte de recherche du sens possible des phénomènes constatés.

Car rien n'empêche, par exemple, les responsables des ressources humaines qui le veulent bien, de s'étonner, et le mot important est « s'étonner », des multiples formes de gaspillage d'énergie humaine qu'ils peuvent constater, gaspillages qui se font tout autant aux dépens de la société, entreprises et organismes de sécurité sociale compris, qu'aux dépens de la personne humaine qui souffre.

Pour cela, il suffit de regarder avec curiosité les faits, parfois minimes, qui jalonnent la vie de l'entreprise, les modifications soudaines qui apparaissent sans qu'on sache pourquoi : Tiens, comme c'est étonnant, les demandes de cachets d'aspirine ont sérieusement augmenté ces temps-ci au service médical ! Quel sens cela pourrait-il bien avoir ?
Tiens, comme c'est curieux, on constate soudain une nette modification de la courbe des absences médicalement justifiées. Est-ce que cela signale un problème qu'on n'a pas su détecter ni, par définition, encore moins gérer ? Peut-être cela vaudrait-il la peine d'aller y regarder de plus près. Les significations possibles d'une soudaine augmentation du nombre de salariés malades sont nombreuses. Le nombre de malades peut avoir soudainement augmenté à cause de la propagation d'un virus tout bête. Il peut avoir augmenté à cause d'un climat de tensions difficile à gérer dans tel ou tel service. Il peut aussi augmenter après une période d'intense productivité et signale alors un état de fatigue généralisée avec baisse des défenses immunitaires. Il peut aussi signaler la difficulté à gérer au niveau collectif une répartition négociée des départs en congés réglementaires.

Pour progresser avec ce type d'étonnements ou de questions, il faut au minimum trois conditions :

- d'une part, renoncer radicalement au soupçon généralisé, à la désignation systématisée d'un coupable, qu'il s'agisse de l'existence (supposée) d'une

éventuelle épidémie de poils dans la main, ou de l'affirmation souvent aussi rapide que péremptoire de l'incompétence (elle aussi supposée) de l'encadrement de proximité ;
- d'autre part, créer des moments ou des espaces de coopération active, où la parole puisse circuler le plus librement possible, où les problèmes puissent être posés et débattus de la manière la plus ouverte possible, et où les solutions puissent être recherchées avec le plus d'imagination et de créativité possibles ;
- renoncer, enfin, à la sacro-sainte hypocrisie du « tout parfait, zéro erreur », et admettre enfin publiquement le droit de chacun à l'erreur (ce qui ne veut pas dire encourager l'erreur).

Puisque les responsables d'entreprise apportent un soin jaloux à l'entretien et au renouvellement du parc des machines, pourquoi ce soin est-il le plus souvent réservé aux ressources mécaniques et techniques et non, ou si rarement, aux ressources humaines ?
Le parallèle entre hommes et machines est délibérément provocateur. Il suscite souvent des réactions de rejet. « Les hommes ne sont pas traités comme des machines précisément parce qu'ils ne sont pas des machines. »

Certes. Qui oserait ouvertement dire le contraire ?

CONJUGUONS NOS MÉFIANCES

Les machines n'ont pas de responsabilité vis-à-vis d'elles-mêmes. Ce sont des objets inanimés, sans conscience propre ni autonomie. À l'opposé, les êtres humains sont, et en tout cas se revendiquent, responsables. « Ma santé, ça me regarde » dira P., agent de maîtrise dans une entreprise industrielle, et « je n'aimerais pas du tout qu'on vienne surveiller et vérifier d'en haut si je stresse ou si je suis cool. Et mes gars non plus n'aimeraient pas ça. »

Le droit de définir chacun pour soi le niveau de stress que l'on s'accorde apparaît comme la revendication d'une imprescriptible liberté.
Cela ressemble à la défense vigoureuse d'un territoire intime qui ne doit pas être violé.

Et pourtant, à y regarder d'un peu plus près, tout se passe comme si le collaborateur tenait à présenter à son entreprise un visage lisse, où rien ne vient dévoiler ses embarras intimes. Il s'agit sans doute d'une forme de réflexe d'autoprotection qui consiste à présenter à autrui une sorte de carapace du « tout va bien ». Comme si c'était déjà largement suffisant de donner à l'entreprise sa force de travail, son intelligence, ses compétences, sa créativité. Mais le contrat de travail n'implique pas de lui faire suffisamment confiance pour exposer les fluctuations de son état intérieur...

L'entreprise, quant à elle, préfère souvent ne pas se soucier de l'état de stress de son personnel. L'argument apparent du respect du territoire intime est sans doute sincère. Il se double souvent d'un autre argument moins noble d'allure : et si la décision de se préoccuper du stress du personnel coûtait bien plus d'argent que ça n'en rapporte ? Cela correspond à l'idée très répandue que privilégier le travail sous stress, sous pression, est le meilleur moyen d'obtenir un haut niveau d'efficacité et de rendement du personnel.

Quand on examine, par ailleurs, les positions prudentes des organismes paritaires de sécurité sociale, on a un peu le sentiment qu'ils ont peu de goût pour aborder les questions liées au stress. Ils sont prêts à affronter les risques qui se mesurent, s'évaluent objectivement, sont établis de la même manière pour toutes les situations. Et ils le font avec une grande détermination. Mais décider de s'attaquer à cette notion un peu floue, voire psychologique, en tout cas clairement subjective, n'est pas si évident.
Car rien n'effraie autant les organismes paritaires que l'introduction de la subjectivité.

Il se peut toutefois que l'expérience américaine, où un tiers des procès intentés aux entreprises concerne des problèmes de stress, parvienne jusqu'à l'Europe, et apporte une modification radicale des données de la situation.

En attendant, et devant le poids de ces méfiances conjuguées, on comprend bien pourquoi encore trop peu nombreuses sont les entreprises qui se collettent directement avec la question de l'évaluation du stress et la recherche de moyens collectifs ou individuels d'en prévenir les effets. C'est pourquoi d'autant plus méritoires sont celles qui ont le courage de fournir des efforts en ce sens.

« L'observateur engagé », ou comment déjouer la tyrannie du système sympathique

• Fiche 9 : Le verre d'eau

Résumé

Il s'agit de boire un verre d'eau (ou une tasse de café, ou n'importe quel breuvage non alcoolisé) en geste dit « conscient ». C'est précisément l'accent mis sur l'accueil sensoriel qui constitue l'aliment efficace de cette mini-détente.

Objectifs

- passer en douceur d'un fonctionnement sympathique à un fonctionnement parasympathique ;
- transformer un geste pluri-quotidien en mini-pause relaxante ;
- s'exercer à des actes modestes de liberté intérieure.

Déroulement

Vous êtes en position assise. Prenez conscience de vos appuis, pieds, cuisses, fesses, dos, avant-bras et mains. Vous avez posé près de vous une bouteille d'eau et un verre. Prenez la bouteille dans une main et le verre dans l'autre.

Remplissez votre verre d'eau en accueillant soigneusement :

- la sensation du poids de la bouteille dans votre main ;
- la légère tension dans votre bras nécessitée par le geste de porter la bouteille ;
- la sensation de fraîcheur ;
- le toucher particulier du verre (ou du carton, ou du plastique, ou du cristal) ;
- la sensation du poids du verre qui augmente au fur et à mesure que vous le remplissez ;
- le bruit de l'eau versée.

Posez la bouteille :

- en écoutant le bruit au contact de la table ;
- en sentant dans le bras la légère détente après avoir déposé la bouteille.

Portez le verre à votre bouche en prenant une première gorgée :

- sentez la fraîcheur de la boisson sur votre langue ;
- sentez le pétillement (si c'est le cas) ;
- sentez le goût (c'est plus facile avec du thé ou du soda) ;
- sentez l'odeur (idem).

Avalez cette première gorgée :

- en sentant le passage du liquide dans votre gorge ;
- en suivant attentivement la trace de sa descente le plus loin possible dans votre œsophage.

Si vous le souhaitez, recommencez avec une deuxième gorgée.
Puis, expédiez le reste du contenu de votre verre comme vous le faites d'habitude.

Si vous n'avez pensé à rien pendant cette rapide observation, c'est-à-dire si votre esprit s'est trouvé seulement attentif à l'observation des sensations perçues, alors il y a de fortes chances pour que vous ayez réussi à débrancher en douceur le fonctionnement de votre système sympathique.

À quel moment faire l'exercice « du verre d'eau » ?

À plusieurs reprises dans la journée et, naturellement, surtout lorsque vous avez soif.

Durée de l'exercice

Une poignée de secondes.

Remarques et questions

Il s'agit d'un exercice des plus modestes. Il n'a d'effet perceptible sur la suprématie du système sympathique que s'il est utilisé à maintes reprises dans la journée, un peu comme un retour-réflexe à la matérialité sensorielle.
Pour en expliquer les effets, utilisons la métaphore de la conduite d'une automobile : le système sympathique serait l'équivalent de l'accélérateur et le parasympathique l'équivalent du système de freinage. L'exercice du verre d'eau agit exactement comme le fait l'automobiliste lorsque, de temps en temps, il lève le pied de l'accélérateur afin de mieux maîtriser son véhicule quand il sent qu'il risque d'être dépassé par sa vitesse.
En revanche, l'exercice du verre d'eau a peu d'effet dans les grandes situations de crise, celles où, devant l'urgence d'une possible collision, l'automobiliste doit s'arc-bouter sur la pédale de frein s'il veut arrêter son véhicule.

Pourquoi parler d'exercice de liberté intérieure ?
Parce que le geste intérieur qui amène à la décision de boire « en geste conscient » la première gorgée de son verre est une manifestation (minime, certes, mais réelle) de notre liberté de choix (voir les chapitres suivants).

• Fiche 10 : Le cas de Catherine

Résumé de la situation

L'énergie physique générée par le corps en état de stress est loin d'être dépensée dans les situations professionnelles, et elles sont nombreuses, où c'est une activité de type strictement intellectuel qui est requise pour faire face.

Il faut alors trouver un (ou des) moyen(s) adapté(s) pour brûler ces énergies, dont l'accumulation inemployée n'est pas souhaitable pour le bien-être et la santé.

Catherine est une jeune femme employée comme cadre à la direction financière d'une entreprise du bâtiment.

La jeune femme aime beaucoup son travail, qu'elle juge passionnant et excitant. Elle traite des problèmes complexes, où ses décisions ne sont pas sans conséquences sur le devenir de son entreprise. Dans cet univers surtout masculin, il lui faut souvent batailler dur pour faire passer ses décisions. Les horaires et l'amplitude des journées de travail sont très importants.

C'est une jeune femme qui se sent bien dans l'agir. Elle aime, au point que c'est devenu pour elle un véritable besoin, la sensation de stress intense que ses responsabilités lui procurent.

Maman d'un jeune Thomas, âgé de deux ans, elle est heureuse de la façon dont se déroule sa vie.

Toutefois, elle a le sentiment qu'elle transmet trop directement à son petit garçon le stress et la tension qu'elle ramène de son travail. Elle voudrait le protéger de cette contagion nerveuse, en arrivant plus calme de sa journée de boulot.

Après divers essais de Yoga qui ne l'ont pas séduite, elle pense qu'elle n'est pas très douée pour la relaxation. Elle sent le besoin de trouver une activité physique qui lui permettrait de dépenser toute l'énergie qu'elle accumule dans son travail.

Son bilan stress est excédentaire. Elle accumule plus d'énergie corporelle qu'elle n'en dépense, ce qui est tout à fait contraire à une saine gestion comptable des stocks. Comme elle ne souhaite pas, du moins pour le moment, diminuer l'intensité de son stress professionnel, il lui faut donc augmenter les occasions de dépenser physiquement l'énergie accumulée.

Mais voilà, comment faire pour intégrer dans un agenda déjà plus que surchargé, le temps nécessaire pour pratiquer une activité physique régulière ? Tant que les journées s'obstineront à se soumettre à l'implacable limite de 24 heures, comment faire pour éviter de transformer une activité supposée « anti-effets-du-stress », en occasion supplémentaire de course et donc de stress ?

Après plusieurs entretiens et quelques essais infructueux de fréquentation d'une salle de gym, une solution s'est finalement imposée. S'il était trop compliqué de rajouter une activité (même souhaitée) dans la trame serrée de l'emploi du temps de Catherine, il était clair qu'il fallait trouver quelque chose contre son excès de stress.

Finalement, l'idée était toute simple : sortir chaque soir du métro une station avant celle qui correspond normalement à son adresse, et parcourir joyeusement à pied le kilomètre qui, ainsi, la sépare de son domicile.

Ce qui fut dit fut fait. Catherine a très vite pris l'habitude de cette petite marche « juste pour elle ». Elle a ensuite amélioré son dispositif anti-stress personnel, en prenant chaque soir le métro une station (et parfois deux) après celle la plus proche de son travail. Elle se régale de ces parcours sans objet, à part le plaisir gratuit de marcher (ce qu'elle fait d'un bon pas), prendre l'air (qui n'est hélas pas toujours de qualité irréprochable), se mêler un peu à la foule (toujours dense et bariolée) et regarder les vitrines.
L'activité physique que lui procurent ces quelque 20 minutes quotidiennes de marche vive suffisent à lui changer les idées, donnent un petit air de fête à ses parcours boulot-dodo, et lui permettent d'arriver chez elle beaucoup plus apaisée.
Nous n'avons pas mesuré les effets sur l'enfant, mais la mère s'est dite satisfaite de ses petits aménagements avec le stress.

• Questions et remarques

L'intérêt de ce genre de solutions anti-stress est multiple :

- il transforme une corvée quotidienne, se déplacer de la maison au travail et réciproquement, en un moment plaisant de solitude entre soi et soi ;
- il offre une bonne occasion de dépense de l'énergie physique accumulée au cours de la journée de travail ;

- il permet à l'enchaînement parfois trop mécanique des idées de se calmer et de s'ouvrir ;
- il s'appuie sur une attitude active vis-à-vis des contraintes quotidiennes, qui ne sont plus subies mais au contraire agies ;
- il s'intègre assez facilement dans l'activité habituelle ;
- il ne coûte rien (à part l'obligation de faire ressemeler ses chaussures plus souvent) ;
- il procure un aimable sentiment de liberté ;
- il permet de pratiquer une sorte de sas entre deux activités psychiquement aussi impliquantes que peuvent l'être l'activité professionnelle et les soins à son enfant.

Pour aller plus loin

- Les chapitres suivants donneront de plus amples explications sur les bénéfices de cette pratique.
  Notamment en ce qui concerne les bénéfices dus à l'augmentation du sentiment de contrôle et l'augmentation de l'estime de soi qui en résulte.
- Le chapitre 5, où seront donnés quelques éléments de la méthode Vittoz, expliquera comment une proposition de bain sensoriel, tel que celui que peut offrir une marche dans la rue, permet un indéniable ressourcement physique et psychique.

Lire :

- Jean-Benjamin Stora, *Le Stress*, Paris, Presses Universitaires de France, collection *Que sais-je ?* 1991 ; 3e éd., 1997.
- Daniel Scherman, *La Biologie du stress*, Monaco, Le Rocher, coll. *Science et Découverte*, 1987.
- Christophe André, François Lelord, Patrick Légeron, *Le Stress*, Toulouse, Privat, coll. *Les Classiques santé*, 1998.

• Fiche 11 : Libérez vos épaules

Résumé

Mouvements discrets d'assouplissement et de détente des épaules.

Objectifs

- dénouer les épaules et en faciliter la relaxation ;
- pratiquer un retour peu coûteux en temps à la conscience corporelle ;
- s'accorder concrètement le droit au confort corporel ;
- augmenter ses capacités à faire face au stress.

Déroulement

1 ▪ Installation

- asseyez-vous confortablement ;
- portez votre attention sur vos points d'appui ;
- sentez le contact de vos pieds avec le sol, de vos cuisses et de vos fesses avec le siège ;
- laissez-vous peser de tout votre poids sur vos points d'appui ;
- calez confortablement votre dos contre le dossier ;
- laissez vos bras « pendre » librement de chaque côté de votre siège ;
- poussez un ou deux soupirs plus ou moins bruyants (si personne n'est là pour s'en offusquer).

2 ▪ Déroulement

Montez très doucement votre épaule droite vers l'oreille droite, et laissez-la redescendre tout doucement, en étant attentif aux modifications que vous percevez. Veillez à laisser pendre librement votre bras droit.
Renouvelez ce geste cinq ou six fois.

Puis, vous allez dessiner des « ronds » avec votre épaule droite, en gardant la même consigne de lenteur.
Faites cinq cercles en commençant vers l'avant, puis cinq cercles dans le sens opposé. Veillez à ce que vos gestes soient le plus possible amples et fluides.

Comparez ce que vous sentez dans votre épaule droite avec ce que vous sentez dans votre épaule gauche.
Effectuez la même succession de gestes avec votre épaule gauche.

Laissez-vous bâiller.

Durée de l'exercice

Quelques minutes à peine.

À quel moment faire cet exercice ?

Chaque fois que vous sentez que vos épaules sont nouées, crispées, signalant la présence d'un excès de stress.
Si vous n'avez aucun moment de solitude sur votre poste de travail, vous pouvez entraîner solidairement votre voisin à pratiquer comme vous cette mini pause relaxante.
Sinon, il reste toujours la solution des toilettes où l'intimité est absolument respectée.

• Questions et remarques

Pourquoi utiliser la formule : « laissez-vous bâiller ? »
La lenteur attentive du geste permet d'ouvrir en douceur le contrôle du système parasympathique. Le bâillement en souligne et en accentue l'efficacité relaxante.

Pour aller plus loin

Lire :

- Marie Blary, Sylvie Rosenberg, *L'Écran sans le stress*, Saint-Jean-de-Braye, Éditions Dangles, collection Santé naturelle, 1990.

• Fiche 12 : Tour du propriétaire (version relaxation assise)

Résumé

Le chapitre précédent a montré comment le stress se manifeste très concrètement en instaurant un « tonus de combat » dans notre corps.

Il s'agit donc, dans cet exercice, de faire un auto-inventaire de la part de stress qui se manifeste dans les tensions et les déséquilibres de notre posture assise. L'observation porte notamment sur la façon dont sont utilisés les différents points d'appui. Elle porte aussi sur certaines zones corporelles particulièrement sensibles et donc révélatrices de l'état de stress.

Elle amène, lorsque c'est jugé nécessaire, à laisser se faire un apaisement et une détente des zones de tensions et de déséquilibres ainsi repérées.

Objectifs

- comme un propriétaire fait le tour de sa propriété pour se réjouir de ce qui va et tenir à l'œil ce qui se détériore ou risque de se détériorer, le but de cette pratique est d'établir un auto-bilan (qui pourra être plus ou moins rapide) de l'état de stress ;
- cette pratique d'auto-observation vise une éducation élémentaire à la conscience corporelle ;
- elle propose une alternative (momentanée) à la suprématie du fonctionnement du système sympathique ;
- elle ouvre sur la recherche d'une posture plus détendue et plus stable, accompagnant l'apaisement délibéré du tonus général de stress ;
- sa pratique régulière consolide les capacités de coping (faire face).

Déroulement

1. Installation

Vous êtes assis à votre place habituelle. Vous avez pu fermer la porte de votre bureau, et vous savez que c'est un moment où vous pouvez vous sentir relativement tranquille.

Fermez les yeux. En neutralisant la force parfois hégémonique de votre messagerie visuelle, cela aide à mieux percevoir les informations venues de l'intérieur de votre corps. Si vous êtes réticent à fermer les yeux, peut-être parce que dans un premier temps vous avez besoin de vos yeux ouverts pour lire ces consignes, ou peut-être parce que vous craignez une irruption intempestive dans votre bureau, ce n'est pas grave. Vous pouvez obtenir presque le même effet en posant simplement votre regard sur un

espace neutre, le mur du fond, le dessus de votre bureau s'il n'est pas trop encombré, ou le ciel derrière la fenêtre.
Prenez rapidement conscience de votre posture générale : vous sentez-vous assis de manière confortable, inconfortable ? familière, étrange ? stable, instable ? Si possible, laissez tomber les normes apprises de maintien, et fiez-vous seulement à vos propres sensations.
Si vous le souhaitez, et si nécessaire, vous pouvez vous réinstaller plus confortablement, selon vos critères.

2. Les pieds

Portez votre attention sur la façon dont vos pieds sont posés sur le sol. Quelle surface du pied est en contact avec le sol ? Où sentez-vous votre poids ? plutôt vers le pied droit ? le gauche ? vers le bord interne du pied ? vers le bord externe ? vers l'avant du pied, vers la troupe serrée des orteils ? vers le talon ?
Prenez bien votre temps pour accueillir ces sensations que, pour une fois, votre attention a choisi de sélectionner. Ce n'est pas si simple, car on a plus facilement le réflexe de « fouler aux pieds » ces messages obscurs qui nous sont habituellement adressés par nos membres si injustement qualifiés d'inférieurs.

Comment interpréter ces messages ? Vos pieds sont-ils bien à plat, au repos, solides et stables, en accord avec votre activité actuelle qui suppose de rester assis un long moment ? Vos pieds sont-ils en déséquilibre plus qu'instable, comme s'ils étaient en train de mimer un ardent plaidoyer pour un agir physique qui ne souffrirait aucun délai, en totale contradiction avec vos intentions affichées de demeurer à votre table pour y travailler ?...
Prenez le temps d'accueillir et d'entendre ces différents messages.

Selon votre constat, et si vous en sentez la nécessité, vous pouvez :

- laisser s'agrandir la sensation de contact du pied avec le sol, dont le soutien peut ainsi vous apparaître plus largement solide et fiable ;
- laisser se répartir de façon plus équilibrée, plus stable, la sensation de votre pesanteur sur les deux pieds.

3. Les cuisses, les fesses

Comment vos cuisses et vos fesses sont-elles posées sur le siège ? Comment sentez-vous la répartition de votre poids ? à droite ? plutôt à gauche ? plutôt vers les genoux ? plutôt vers l'arrière des fesses ? Quelle est la surface de contact entre le siège et vos cuisses et vos fesses ?

Prenez le temps d'observer et d'accueillir ces informations que votre attention a choisi de sélectionner.

Vous sentez-vous confortablement et durablement installé dans votre activité assise ? Ou bien, les fesses à peine posées sur l'extrême rebord du siège, prêt à bondir vers n'importe quelle opportunité comme le diable bondit hors de sa boîte ? Prenez le temps d'observer et de sentir.

Selon votre constat et vos intentions, vous pouvez alors :
- laisser s'élargir la surface de contact entre vos cuisses, vos fesses et votre siège, ce qui vous aidera à mieux éprouver la solidité et la fiabilité de celui-ci ;
- laisser se répartir de façon plus équilibrée et plus stable le poids de votre corps.

4. Le dos

Si votre siège possède un dossier, quelle est la surface de contact entre votre dos et le dossier ? Quelles sont les zones d'appui ? Les zones qui résistent à l'appui ? Comment sentez-vous votre colonne vertébrale ? Prenez le temps d'accueillir la multiplicité de ces sensations.

Quelles sont les zones tendues et les zones détendues ? Sentez-vous que votre dos fait confiance au dossier ? Sentez-vous que votre dos accepte le soutien que peut lui offrir le dossier ? Sentez-vous qu'il renâcle à être soutenu ? Ne bâclez pas ce temps d'observation.

Selon vos constats et vos intentions, vous pouvez :
- laisser s'élargir la surface de contact de votre dos avec le dossier ;
- ce qui vous permet de mieux apprécier la perception de sa fiabilité et sa solidité et par là de lui accorder votre confiance ;
- et vous permet aussi d'alléger le travail musculaire nécessaire pour maintenir la verticalité de la colonne vertébrale.

5. Mains, avant-bras, épaules

Comment vos mains et vos avant-bras sont-ils posés ? Les mains sont-elles à plat, la paume contre le support ? ou les doigts seulement ? ou le bout des doigts ? ou la tranche ? ou les poings serrés et refermés ? Comment se répartit le poids ? à quels endroits ?
Vos mains savent-elles profiter de ce court instant de *farniente*, ou bien, petites fourmis jamais au repos, sont-elles comme animées d'une sorte de mouvement perpétuel ? Prenez le temps d'observer. Observez aussi

la part du poids de vos bras qui est portée par le support (le dessus de votre bureau qui, lui, ne se fatigue pas trop) et celle qui reste suspendue à vos épaules (qui, elles, se fatiguent).

Selon votre constat, vous pouvez :

- laisser s'élargir la surface de contact de vos mains et de vos avant-bras avec le bureau ;
- laisser le poids de vos bras prendre appui sur la surface solide et stable de votre bureau, ce qui allégera d'autant le travail des épaules ;
- accueillir la sensation de détente.

6. La tête

Sentez la position de votre tête. En avant, un peu penchée ? tranquille ou aux aguets ? bien droite et raide au-dessus de la nuque ? ou souple et détendue ? Accueillez ces sensations.

Avec de tout petits mouvements très doux, trouvez une position qui soit confortable pour vous.

7. Les mâchoires

Comment sont vos mâchoires ? Serrées l'une contre l'autre, la mâchoire inférieure tendue comme pour mordre (Dieu seul sait qui ou quoi), les dents comme soudées ? la langue prête à participer militairement à toute action vindicative ? ou bien la mâchoire inférieure souple et détendue, les dents laissant s'échapper librement l'air expiré sans bruit, tandis que la langue reste sagement posée comme un mouchoir sachant se tenir bien propre et bien plié ?

Prenez le temps d'observer, recevoir puis interpréter ce que peut vous dire votre bouche de votre état actuel de stress.

Selon votre constat, vous pouvez :

- laisser votre mâchoire inférieure se détendre et descendre tout doucement ;
- laisser vos dents et vos lèvres se desserrer ;
- laisser votre langue tranquillement se poser dans votre bouche ;
- ressentir la détente jusque dans la nuque.

8. La présence corporelle

De nouveau, prenez conscience de tout votre corps, depuis la plante des pieds jusqu'au sommet du crâne. Comment vous sentez-vous ? Quelle est la qualité de votre présence corporelle ?

Sentez-vous une différence avec tout à l'heure ? Laissez venir un mot, s'il veut bien, ou un bout de phrase qui qualifierait votre état actuel.
Laissez-vous respirer bien à fond, amplement. Puis, doucement, ouvrez vos yeux (s'ils étaient fermés) et accueillez la lumière de la pièce où vous êtes.
Autorisez-vous à vous étirer et à bâiller, si vous en ressentez le besoin.

À quel moment faire « le tour du propriétaire » ?

Dans un premier temps, il convient surtout de s'exercer à observer ce qui se passe dans son propre corps. Cette phase d'entraînement à l'auto-observation se fera peut-être plus facilement dans des endroits ou à des moments où on ne risque pas d'être dérangé, quand on est seul dans son bureau, ou assis dans un endroit calme, ou bien encore en rentrant chez soi le soir, avant de se lancer à nouveau dans le tourbillon sans fin des obligations domestiques. Naturellement, cette phase d'entraînement ne concerne pas ceux qui ont l'habitude de ce type de pratique.

Lorsque la capacité à s'auto-observer est bien acquise, le « tour du propriétaire » peut alors se faire de manière plus impliquée dans la vie quotidienne. C'est-à-dire avant un entretien un peu délicat, pendant une réunion d'animation d'équipe, lorsqu'on sent qu'une certaine tension s'instaure dans une relation de travail, ou lorsqu'on veut se détendre, s'offrir un petit coup gratuit de parasympathique après une période de travail intense, etc.

Combien de temps dure « le tour du propriétaire » ?

De quelques secondes (voir fiche suivante) à une quinzaine de minutes selon les circonstances et l'entraînement.
En urgence, face à une situation tendue où l'on sent que l'on va se laisser entraîner dans une escalade que l'on préférerait éviter, le tour très rapide des points d'appui prend une poignée de secondes.
Dans des circonstances plus paisibles, par exemple en rentrant chez soi après une rude journée de labeur, le tour du propriétaire peut prendre tout son temps et toute sa saveur. Il peut alors nécessiter une bonne quinzaine de minutes.

• Questions et remarques

Pourquoi choisir la posture assise pour ce tour du propriétaire ?

- Parce que c'est la posture la plus souvent utilisée au travail. Elle ne réclame pas une attitude inhabituelle, ni aucune contorsion susceptible d'inciter vos collaborateurs et vos collègues à se questionner sur votre santé mentale. Elle passe inaperçue, et permet ainsi une pratique régulière de l'auto-observation engagée.

- Il y a une leçon importante à tirer de cet exercice. Il permet, en effet, de repérer que le simple fait de s'arrêter pour observer où en est l'état de stress du corps produit déjà un effet de diminution ou d'apaisement de la tension et du stress. Le simple geste intérieur correspondant à la posture d'auto-observation la plus neutre possible influence l'état du sujet qui s'observe. Un peu comme si cela correspondait à une décision intérieure de prise de recul, de suspension, même momentanée, du cours inéluctable de l'agir.

Pourquoi commencer le tour du propriétaire par les pieds et non par la tête ?

- Ce serait bien évidemment possible de commencer par la tête, mais il y a un avantage à commencer par les pieds. Cela permet en effet d'assurer un meilleur équilibre, une meilleure stabilité de l'ensemble de la posture assise. Un bon appui des pieds permet un tonus plus ajusté de l'ensemble du corps. Pour en témoigner, faites l'expérience suivante : gardez les pieds maintenus levés au-dessus du sol pendant quelques secondes. Observez ce qui se passe dans vos cuisses et dans votre dos. Il y a de fortes chances que vous ressentiez des tensions désagréables.
  Reposez les pieds en appui, et observez la différence.

Faut-il suivre rigoureusement à la lettre les consignes de parcours indiquées ?

- Oui et non.
  Oui, parce que c'est intéressant de faire au moins une fois l'expérience en entier, cela amène beaucoup d'informations sur sa façon de ressentir physiquement le stress. Et même l'impatience ressentie (si impatience il y a) à faire cette auto-exploration constitue un excellent indicateur de stress.

Non, parce que chacun peut, et même doit, adapter les consignes à son propre ressenti, et se créer son parcours favori de repérage et d'apaisement. Le cocktail parasympathique doit s'adapter à vos goûts et à vos contraintes.

Pour aller plus loin

Lire :

- Suzanne Dedet, *La Relaxation psychosensorielle et la méthode Vittoz*, Paris, Éditions EPI, rééd. 1999.
- Terry Looker, Olga Gregson, *Managing Stress*, Londres, Hodder & Stoughton, 1997.

Participer à des séances de relaxation collectives ou individuelles. Beaucoup d'approches très élaborées sont disponibles : méthode Jackobson, Sophrologie, méthode Vittoz, méthode Schultz, Yoga, etc.

• Fiche 13 : Tour du propriétaire (version rapide)

Résumé

Cet exercice propose une version accélérée de l'exercice précédent, qui correspond à une utilisation « en situation ».

Il s'agit de rendre la posture assise plus stable par un renforcement délibéré des différents points d'appui du corps.

Objectifs

- disposer d'un moyen simple pour tenir fermement les rênes du système sympathique ;
- disposer d'un moyen utilisable « à chaud » ;
- participer à l'amélioration de la confiance en soi.

Déroulement

- prenez conscience de l'appui de vos pieds sur le sol et améliorez fermement cet appui ;
- portez votre attention sur l'appui de vos cuisses et de vos fesses sur le siège. Installez-vous en prenant largement votre place et laissez tout votre poids stabiliser votre assise ;
- prenez conscience de la position de votre dos et laissez-le prendre appui sur le dossier ;
- portez votre attention sur vos bras et surtout sur vos mains. Posez-les sur la table devant vous ou sur vos genoux et laissez-les peser de tout leur poids ;
- portez votre attention sur votre tête et repositionnez-la en douceur ;
- portez votre attention sur vos mâchoires. Desserrez les dents. Laissez l'air circuler librement entre vos lèvres ;
- autorisez-vous une grande respiration.

Quand faire cet exercice ?

À chaud, chaque fois que vous jugez nécessaire de ne pas vous laisser emporter.

À chaud, avant de prendre la parole dans un groupe.

A chaud, lors d'un entretien un peu délicat.

À titre préventif, plusieurs fois dans la journée, par exemple chaque fois que vous vous asseyez, que ce soit au bureau, dans le métro ou dans votre voiture.

Durée

Une poignée de secondes.

Questions et commentaires

En quoi cet exercice est-il efficace face à une situation stressante ?

De plusieurs manières :

- tout d'abord il permet de prendre un peu de recul et de n'être pas entièrement et immédiatement déterminé par les circonstances extérieures ;
- il permet aussi un moment de recul bénéfique face aux influences internes de sa propre imagination ;
- l'attention portée au ressenti corporel permet une meilleure maîtrise des emballements du système sympathique ;
- une meilleure stabilité corporelle a vraisemblablement des effets bénéfiques sur la stabilité mentale (voir à ce propos ce qu'en disent les praticiens du Yoga ou de certains arts martiaux venus d'Orient).

Pour aller plus loin

Lire :

- Rosie Bruston, *De la méthode du Dr Vittoz à la psychologie des profondeurs*, Paris, Éditions EPI, rééd. 1983.

Pratiquer :

le Yoga, le Tai-Chi, le Chi Quong, la méthode Vittoz, etc.

• Fiche 14 : Émotions et messagers chimiques

Résumé

Cette fiche propose, à partir d'un exemple simple, un éclairage théorique supplémentaire. Cet exemple, tiré du livre de Terry Looker et Olga Gregson, *Managing Stress* (*op. cit.*, pp. 52 à 55), montre les relations existant entre les émotions ressenties et la présence dans le sang de différents messagers hormonaux du stress.

Objectifs

- repérer les liens entre nos pensées, nos émotions et la présence prépondérante de tel ou tel messager chimique dans le sang ;
- éclairer un aspect du lien corps-esprit.

Déroulement

Lisez le tableau suivant rapportant les résultats d'analyse du sang de deux pilotes de rallye. Ces résultats concernent l'évolution des taux de trois hormones du stress dans des échantillons de sang prélevés juste avant le démarrage de la course puis à la fin de la course.

Pilote A

niveau de noradrénaline : peu d'augmentation
niveau d'adrénaline : grande augmentation
niveau de cortisol : grande augmentation

Pilote B

niveau de noradrénaline : grande augmentation
niveau d'adrénaline : légère augmentation
niveau de cortisol : pas de changement

Pensez-vous qu'il est possible de repérer celui qui a le plus de chances d'être vainqueur à partir de ces résultats ?

❑ OUI ❑ NON

Si vous avez répondu OUI, vous êtes en accord avec les auteurs de *Managing Stress*, et nous allons vous expliquer pourquoi.

Explications de la réponse :

- Lorsqu'un sujet évalue une situation comme étant sous son contrôle, lorsqu'il pense qu'il a les moyens de faire face, alors il peut se sentir maître de la situation, sûr de lui, prêt à combattre.

  Parallèlement, au niveau biochimique, ce sentiment de maîtrise est accompagné de la prédominance de la noradrénaline.

- Lorsqu'un sujet évalue une situation stressante comme risquant de déborder ses capacités de réponses, lorsqu'il n'est pas sûr d'avoir les moyens de faire face positivement, alors il peut se sentir peu sûr de lui, et davantage enclin à fuir qu'à combattre.

  Parallèlement, au niveau biochimique, ce sentiment s'accompagne de la présence prédominante de l'adrénaline.

- Lorsqu'un sujet évalue une situation comme débordant totalement ses capacités de réponses, lorsqu'il ne peut rien contrôler, alors il peut se sentir totalement désemparé et abandonné. Ce vécu de détresse renforce un sentiment de défaite personnelle.

  Parallèlement, au niveau biochimique, ce sentiment s'accompagne de la présence prédominante du cortisol.

Terry Looker et Olga Gregson expliquent ainsi que dans un rallye, la compétition ne se fait pas contre les autres concurrents mais contre la montre. Aussi est-il logique que celui qui gagne soit celui qui éprouve le sentiment d'avoir bien maîtrisé la course et de s'être bien bagarré, plutôt que celui qui, plus inquiet de ses compétences, ne s'est pas senti tout à fait à la hauteur.
C'est ainsi que l'augmentation accrue du niveau de noradrénaline du pilote B signale le vainqueur, tandis que l'augmentation des niveaux de cortisol et d'adrénaline du pilote A désigne celui qui a été vaincu.

Chapitre IV

Les modérateurs du stress

La notion de « stress perçu » (voir ou revoir le chapitre 2 théorique) met en évidence à quel point le sujet humain, c'est-à-dire vous, ou moi, ou tout autre animal humain, se montre capable d'alourdir le poids de la demande que les circonstances lui imposent. Cette notion souligne la forte implication de chacun dans la définition de ce qui stresse.
Les effets stressants d'une situation apparaissent ainsi activement modulés par l'appréciation qu'en fait le sujet, et notamment par l'appréciation du danger tel qu'il peut être ressenti, interprété, voire, dans certaines conditions, complètement imaginé par le sujet lui-même. C'est donc cette appréciation très subjective des exigences supposées de la situation qui constitue le premier niveau de modification de la relation stress-détresse.

I • Un théâtre d'ombres

À ce premier niveau, tout se passe comme si une situation objective, réelle et potentiellement stressante, possédait ce pouvoir maléfique de réveiller le « mauvais génie » qui somnole en chaque humain. Irrité, comme dans les contes de fées, d'avoir été brutalement tiré de son repos, ce « mauvais génie » se vengerait alors en peuplant la situation bien concrète d'un surplus imaginaire de personnages pleins d'exigences et de malveillance. Ces petits tyrans furieux ne sont que des émanations des cauchemars les plus intimes, des terreurs les plus anciennes du sujet, mais sur la scène de la situation stressante, ils brillent de l'éclat aveuglant de l'évidence. C'est pourquoi, face à leurs simagrées plus vraies que vraies, le sujet a bien du mal à ne pas se laisser prendre au filet des demandes mensongères échappées de leurs bouches venimeuses.

Comme hypnotisé par ses propres revenants, le sujet éprouve donc les plus grandes difficultés pour opérer la nécessaire différenciation entre les contraintes réelles, auxquelles il devra bien finir par faire face, et ces contraintes amplement surajoutées, auxquelles nul ne saurait humainement répondre. Encombrée de ces excès d'exigences, la situation apparaît alors insurmontable. Elle ouvre ainsi toutes grandes les vannes aux flots montant du stress dans les artères et les vaisseaux, que les zélés messagers chimiques vont envahir à la vitesse du cheval au galop.

Heureusement pour notre héros, abusé par ses tyrans intimes, il existe un deuxième niveau d'appréciation de la situation qui a le pouvoir, à son tour, de moduler l'intensité de la réaction stress-détresse. Il s'agit de l'ensemble des capacités, qualités, astuces, expériences et savoir-faire que le sujet possède, ou en tout cas, pense ou croit posséder, et qui l'aideront à faire face valeureusement aux exigences des situations auxquelles il se trouve confronté.

Tout comme dans les contes de fées, chaque sujet reçoit à sa naissance des qualités qui l'accompagneront toute sa vie et lui permettront de traverser le plus positivement possible les épreuves qui ne manqueront pas de se dresser sur son chemin. Quant à celui qui pense n'avoir bénéficié d'aucun de ces bienfaits, qu'il ne renonce pas à l'espérance. Car la possibilité lui est toujours ouverte de les acquérir ou de les développer par la suite, que ce soit par la grâce d'une rencontre heureuse, par le pouvoir merveilleux d'un bon génie, grâce aux patientes découvertes d'un travail psychothérapeutique, ou plus banalement, grâce aux bienfaits pédagogiques des bons maîtres de l'école de la République.

Le chapitre 2 s'attachait donc à montrer la nécessité, pour qui veut lutter mieux contre le trop de stress, d'apprendre à détecter dans la demande la présence des surcharges subjectives afin de mieux pouvoir l'en délester. Le chapitre 4, quant à lui, explorera ce que les multiples travaux de recherche ont mis en lumière parmi ces très utiles qualités qui ont le pouvoir de moduler positivement la relation stress-détresse. Il montrera quelques-unes des compétences qui renforcent la capacité à mieux faire face aux excès de stress.
Ce chapitre espère ainsi donner envie à chacun de développer ses propres compétences et de renforcer les multiples possibilités de se montrer un peu plus confiant, un peu moins déstabilisé, un peu plus heureusement inventif, face à une situation stressante.

II • Notion de contrôle

La notion de contrôle est apparue très vite aux chercheurs comme l'un des modérateurs les plus puissants de la relation stress-détresse.
Pour en savoir plus, le lecteur ne sera pas surpris d'être invité à faire, de nouveau, un petit tour chez nos vieux amis les rongeurs de laboratoire. Ce sont, en effet,

les expériences sur les animaux qui ont permis de mettre en scène des scénarios rigoureux de contrôle (comparés à des scénarios rigoureux de non-contrôle) d'une situation déplaisante, et d'en comparer les conséquences plus ou moins néfastes sur le plan physiologique.

C'est donc sans surprise excessive que l'on retrouvera une énième combinaison de l'expérience classique des stimulations électriques sur des familles de rats : ceux-ci ont été séparés en deux populations semblables, soumises à des expériences rigoureusement semblables en tout point, sauf en ce qui concernait les éléments nécessaires à un contrôle possible, soit l'information donnée (ou non) et les moyens d'échapper (ou non) à la contrainte.

La première population de rats recevait une série de chocs électriques dont le contrôle était expérimentalement rendu possible. Informée par un signal sonore de la survenue imminente du choc, cette population privilégiée bénéficiait en effet d'un dispositif ingénieux, une petite manette que les rats apprennent très vite à utiliser et qui permet d'interrompre au plus vite l'alimentation en courant électrique, et par là même de mettre fin à la situation stressante.

La seconde population recevait le même nombre de chocs électriques. Même intensité, même quantité, même rythme, même durée, tout était rigoureusement équivalent. C'est donc avec un grand souci d'équité que la fée électricité distribuait ses bienfaits. Toutefois, il existait une différence notable. Cette seconde population ne savait ni quand les chocs électriques allaient se manifester, ni comment elle pourrait s'en protéger. Elle ne pouvait que subir passivement ce qui lui arrivait.

À la fin de l'expérimentation, on a recherché, par la méthode radicale habituelle (c'est-à-dire on tue d'abord, puis on ouvre, et enfin on observe), les éventuelles différences apparues dans les modifications physiologiques du milieu interne.

La population qui n'avait aucune information, aucun moyen d'éviter les chocs électriques, donc aucun contrôle possible sur sa situation, avait développé les signes classiques du Syndrome Général d'Adaptation. Elle présentait une perte de poids, une augmentation du taux de cortisol circulant, des ulcérations de la paroi de l'estomac ainsi qu'un important déficit immunitaire.
Dans le même temps, la population « privilégiée » des rats dûment informés et dotés d'une bonne possibilité de contrôle, s'en sortait sans grands dommages physiologiques, si l'on excepte naturellement l'interruption brutale (et tragique pour les rats) de leur modeste existence.

En conclusion de cette expérience, retenons deux éléments :

- L'expérience montre l'influence, fortement modératrice sur le stress ressenti, des informations reçues concernant ce qui va advenir. Cette influence ne doit pas être négligée. C'est ainsi que lors d'une intervention chirurgicale, le fait de connaître à l'avance le déroulement des opérations ainsi que la succession prévisible des ressentis physiques, atténue fortement l'anxiété des patients.
- De même, l'expérience met en lumière combien la possibilité de mener une action qui modifie une situation stressante joue une influence modératrice sur la relation stress-détresse, et permet une diminution notable de ses conséquences physiologiques.

Gardons toutefois en tête que tel n'est pas l'effet obtenu s'il s'agit de n'importe quelle « action pour l'action ». Bien au contraire. Une expérience assez ancienne, faite par un chercheur nommé Brady sur une population de singes, a montré comment cette sorte d'activisme a favorisé une floraison d'ulcères à l'estomac chez des sujets soumis eux aussi à des salves de chocs électriques.
Le dispositif de l'expérience était tel qu'ils pouvaient repousser la survenue du prochain choc électrique, à condition de manœuvrer une manette une fois toutes les 20 secondes. Ces animaux ne recevaient aucune information préalable à la survenue du choc électrique, ni aucun feed-back fiable des résultats de leur activité, puisque le prochain choc électrique était seulement repoussé à plus tard, par la manœuvre de la manette.
Au total, il a été constaté que les réactions des singes face au stress des chocs électriques ont pris la forme d'une activité des plus désordonnée, qu'aucune information objective ne permettait de réguler, ou d'infléchir. L'agir, presque frénétiquement détaché de tout lien de causalité avec les données concrètes de la situation à modifier, devenait alors lui-même une source supplémentaire de confusion entraînant une aggravation du stress ressenti.

« Locus of control »

Revenons chez les humains. Une notion très intéressante a été développée par Rotter, dans les années 70 ; il s'agit du « Lieu de contrôle » ou « Locus of control ».

Cette notion au nom un peu barbare désigne la façon dont chaque être humain se représente sa propre implication dans ce qui lui arrive, et cela de façon générale, quelles que soient les circonstances particulières. Elle se présente sous deux modalités.

a ▪ Modalité externe du Lieu de contrôle

Lorsque les événements qui surviennent dans la vie d'un sujet sont ressentis comme étant la conséquence d'un destin, de la chance, d'une providence ou des caprices plus ou moins bienveillants d'un personnage haut placé (genre divinité), on est en présence de ce qu'on appelle un Lieu de contrôle « externe », car tout ce qui arrive est relié à des facteurs extérieurs au sujet, c'est-à-dire complètement incontrôlables.
Des phrases telles que : « Je pense que beaucoup de choses pénibles de la vie sont plutôt dues à la malchance », ou bien « Je crois que pour trouver un bon job, il suffit d'être là le bon jour au bon endroit », ou bien encore « Tout ce qui m'arrive, c'est la faute à pas de chance », sont typiquement des expressions de personnes pourvues d'un Lieu de contrôle à modalité externe.

b ▪ Modalité interne

À l'opposé, lorsque les événements qui surviennent sont ressentis par le sujet qui les vit comme reliés à ses comportements ou à certaines de ses caractéristiques personnelles, le Lieu de contrôle est appelé « interne », parce que ce qui lui arrive lui semble, en tout ou partie, contrôlable par lui-même.
Si le lecteur se reconnaît dans des expressions telles que : « Je pense que réussir dans la vie dépend davantage des capacités de chacun que de la chance », ou bien « Les gens finissent toujours par obtenir le respect qu'ils méritent », ou bien encore « Chacun est responsable de ce qu'il fait », il sera vraisemblablement doté d'un type de contrôle à modalité interne.

c ▪ Lien avec le stress

Cette dimension internalité/externalité est très fortement reliée à la vulnérabilité au stress.
De nombreuses recherches ont, en effet, mis en évidence un lien entre les effets d'un agent stressant et la dimension interne ou externe du *Locus of control* d'un sujet.
Il apparaît ainsi clairement qu'un contrôle « interne » a le pouvoir d'atténuer les effets négatifs d'une situation désagréable. De plus, les recherches menées par des scientifiques américains (comme Rotter, qui a créé une échelle d'évaluation de contrôle et plus tard Lumpkin) ont montré une corrélation positive entre la dimension « d'internalité » et la satisfaction générale envers la vie.
En effet, d'après ces recherches, les heureux sujets qui bénéficient d'un sentiment bien établi de contrôle interne apparaissent actifs, en bonne santé, bien ajustés,

satisfaits de leur vie, et montrent une faible perception du risque. Ce sont donc des personnes persuadées qu'elles ont le pouvoir d'agir à tout moment sur leur environnement, et qui se sentent finalement responsables de ce qui leur arrive. Très impliquées dans les tâches qu'elles ont à mener, ces personnes aiment analyser ce qu'elles font et, lorsqu'elles sont confrontées à un échec, elles sont assez lucides pour reconnaître leurs faiblesses ou leurs manquements. Ces personnes sont celles qui possèdent les meilleurs atouts pour faire face positivement au stress.

À l'opposé, « l'externalité » du contrôle amplifie les conséquences nocives des situations de stress. Les personnes, malheureusement dotées d'un sentiment de contrôle externe, restent persuadées que ce sont les autres qui sont à l'origine de tout ce qui leur arrive. Elles se montrent donc souvent plus passives et moins compétentes. En cas d'échec, elles restent toujours aussi passives et ne pensent pas qu'elles ont le pouvoir de faire quelque chose pour améliorer leurs futures performances. Ces personnes sont les plus désarmées pour faire face positivement aux exigences et aux stress de leur vie quotidienne.

Joëlle Nuissier donne, dans l'univers médical, l'exemple de certains grands douloureux chroniques. Chez ces patients, la présence d'une orientation « externe » du Lieu de contrôle abaisse le seuil de vulnérabilité aux agents stressants (dans leur cas, la vulnérabilité à la maladie et à la douleur) et augmente le sentiment de leur impuissance vis-à-vis des épisodes douloureux qu'ils subissent. En conséquence, le traumatisme réel de leur situation, non détoxiqué par le sentiment, même fragile, d'un contrôle possible, se transforme irrémédiablement en détresse.

d ▪ Un exemple d'externalité

L'univers de la santé offre quantité d'exemples des méfaits de « l'externalité ». Celle-ci est en effet particulièrement nocive pour un sujet qui doit s'ajuster à des maladies chroniques comme, par exemple, le diabète, où une forte prise en charge de soi-même par soi-même est attendue pour faire face positivement aux exigences spécifiques de la maladie. Dans cette maladie au très long cours, le malade doit en effet quotidiennement observer son état, en établissant lui-même son taux de glycémie, puis s'administrer les médications en conséquence, et enfin s'astreindre à suivre un régime adéquat.
Dans de nombreux cas, le diabétique doit en plus prendre particulièrement soin de ses membres inférieurs et surtout de ses pieds, où toute blessure, même minime comme, par exemple, une ampoule due à une chaussure neuve un peu étroite ou une égratignure bénigne, peut dégénérer, refuser de cicatriser, et

finalement se transformer en un redoutable mal perforant. Les risques en terme de gangrène sont majeurs et peuvent entraîner la nécessité d'amputer le patient d'un doigt ou de tout ou partie de son pied, voire de toute sa jambe.
Ces risques présentent, on s'en doute, un coût personnel énorme, en souffrance et handicap physiques comme en souffrances psychologiques. Ils représentent en même temps une très grosse dépense pour la Sécurité sociale. Et pourtant, avec seulement un minimum de gestion responsable de soi, une grande partie de ces risques pourraient plus facilement être évités.

C'est pourquoi les équipes soignantes insistent beaucoup sur l'importance de l'hygiène personnelle de vie pour tous les diabétiques, et proposent à cet effet des actions pédagogiques de grande qualité. La dimension « interne » du contrôle apparaît ainsi comme un facteur essentiel de succès dans la bonne gestion de cette maladie, dans l'évitement des blessures ou leur prise en compte sans délai.

A contrario, dans ce type de maladie, la dimension « externe » du contrôle présente logiquement un facteur supplémentaire de risque. Ainsi en est-il de M. Vy, diabétique de 55 ans, déjà partiellement amputé du pied droit deux années auparavant, que nous avons rencontré lors d'une nouvelle hospitalisation pour un mal perforant récidivant situé cette fois sur le pied gauche. Nous avons interviewé plusieurs fois M. Vy, ce qui nous a permis d'avoir une idée assez précise de sa façon à lui de faire face à cette situation stressante bien spécifique qu'est le fait d'avoir un diabète compliqué d'atteintes podologiques majeures.

M. Vy ne tarit pas d'éloges sur l'équipe médicale du service qu'il fréquente régulièrement :
« Ici, les médecins vous soignent bien, ils sont forts. Ils m'ont sauvé la vie, vous ne trouverez pas mieux ailleurs. » Pour M. Vy, la santé est donc clairement affirmée comme étant aux mains de ces personnages tout-puissants, les médecins. Derrière l'éloge bien mérité, se dessine l'idée que seuls ces grands personnages armés de leurs super-savoirs et de leurs super-compétences, sont capables d'influencer, restaurer et maintenir en bon état la santé de leurs patients. Il y a donc, en corollaire, l'idée que M. Vy, se sentant lui-même démuni de toutes ces belles qualités, se considère comme « hors course » pour tout ce qui concerne la gestion quotidienne de sa santé.

C'est ainsi que ses réponses aux questions concernant sa manière à lui, lorsqu'il revient à son domicile, de prendre en charge son régime sont assez désinvoltes :
« Le régime ? Je le fais, ouais,... quand j'y pense, un jour sur deux, de toute

façon ça change rien. C'est pas ça qui va m'arranger cette foutue maladie. » Derrière le ton gouailleur et volontiers provocateur, transparaît clairement un immense sentiment d'impuissance face à la mystérieuse toute-puissance de la maladie. La logique du Lieu de contrôle externe veut qu'il n'y ait pas de lien de causalité entre les comportements quotidiens et les péripéties de la maladie. C'est pourquoi on ne voit pas où M. Vy trouverait la force et la motivation nécessaires pour s'astreindre au jour le jour aux sévères diktats d'une hygiène de vie rigoureusement conforme aux préceptes médicaux.

La même impuissance se retrouve dans l'attention qu'il conviendrait de porter au maintien sourcilleux de l'intégrité des pieds. Le même type de réponse est donné aux questions les concernant :
« Mes pieds ? Bouh ! Ça m'intéresse pas. C'est rien que des bobos. Qu'est-ce que vous voulez que j'y fasse ? On peut quand même pas vivre dans du coton ? Si vous devez attraper un bobo, vous attrapez un bobo, c'est tout. »

Comme nous croyons, le lecteur attentif s'en sera aperçu sans peine, aux vertus bénéfiques d'un brin de contrôle interne face à ce type de situation stressante, nous espérons trouver ou éveiller en lui un minimum de trace d'internalité, en lui demandant : « Que donneriez-vous comme conseil à un ami diabétique pour éviter ce genre de complications podologiques ? ». La réponse est alors tout aussi irrémédiablement située sur le versant externe du *Locus of control* :
« Un ami diabétique ? Je lui dirais qu'il y a rien à faire, à part qu'il se fasse suivre par les médecins d'ici, parce que, eux, ils sont formidables. Je vois pas mieux que ça. Le reste, pfuittt... »

Face au traumatisme de la maladie, M. Vy, comme beaucoup d'entre nous face à un stress ressenti comme trop intense, semble tenir une sorte de raisonnement en tout ou rien. « Cette maladie ne devrait pas exister. En tout cas, elle ne devrait pas m'atteindre, moi. Aussi, quoi qu'il en soit, elle ne me concerne pas. » En conséquence, et fort de cette vigoureuse protestation, le malade agit alors exactement comme s'il tournait métaphoriquement le dos à sa maladie.
Ce qui, paradoxalement, accorde à la maladie un pouvoir absolu sur le malade. Le dépit, la souffrance insupportable, de n'être pas parfait, amène le sujet à refuser tout ce qui pourrait apparaître comme un compromis avec la réalité quotidienne de son état physique. Car agir serait une façon de reconnaître un droit d'existence à la maladie ou au problème. Et dans ce cas, toute velléité de réaction, qui démontrerait l'existence réelle d'une grave imperfection, porterait le sceau insupportable de l'humiliation.

L'impuissance acquise

L'impuissance acquise, quelquefois nommée par les chercheurs américains « expectation d'incontrôlabilité », est à associer directement à la notion de contrôle externe. En bonne logique, les sujets qui s'attendent à ce que leur comportement soit totalement sans effet sur la situation déplaisante n'ont aucune motivation à agir ou réagir. Ces sujets se comportent comme s'ils avaient appris, au cours d'expériences malheureuses ou par une éducation malencontreuse, qu'il ne sert à rien de faire quoi que ce soit pour changer les choses. Ils ressemblent à ces malheureux « àquoibonistes », porteurs passifs d'un virus autrement nommé « no-future ».

Ce sentiment d'impuissance acquise a fait l'objet d'expériences fort intéressantes, bien que peu bienveillantes, menées dans un premier temps sur des chiens puis, avec quelques modifications encouragées par des soucis éthiques, sur des êtres humains.

C'est ainsi que Seligman, au cours de ses recherches, est parvenu à faire acquérir artificiellement, à des chiens qui agissaient préalablement de manière tout à fait normale, des comportements typiques de « l'impuissance acquise ».

Il a emprisonné ces aimables animaux dans un compartiment, lui-même fermé d'une cage un peu spéciale, où ils ont subi, de façon répétée et pendant une longue période, des chocs électriques multiples, quoique qualifiés de modérés. À l'issue de ce régime sévère, Seligman a constaté que ces pauvres animaux restaient prostrés dans leur sinistre compartiment, et qu'ils se montraient incapables de profiter de la réouverture bienvenue de leur espace pour s'échapper dans une autre partie, peut-être plus accueillante, de la cage. Exactement comme si, tout espoir définitivement abandonné, ils s'étaient finalement résignés à leur sort. Ces animaux ne bougeaient plus et se montraient impuissants à éviter de nouvelles expériences pénibles de décharges par ce qui aurait dû être un comportement naturel de fuite. Même une nourriture appétissante, habilement disposée dans une autre partie de la cage, ne réussissait pas à les faire sortir de leur prostration.

Tout se passait comme si ces bêtes avaient finalement compris, grâce aux effets de cette pénible expérience, qu'aucun lien logique ne pouvait être maintenu entre leurs propres comportements d'évitement et les situations désagréables vécues. Comme si leur « lieu de contrôle » était devenu totalement et irrémédiablement externe (ce qui, somme toute, était relativement conforme à la réalité de l'expérience vécue, où Le Grand Expérimentateur se comportait un peu comme la Puissance Divine maîtresse absolue des conditions peu enviables de leur triste existence).

C'est donc le triste résultat de cet apprentissage particulièrement déprimant que Seligman a appelé du nom malheureusement bien évocateur « d'impuissance ou résignation acquise ».

III • Hardiness

À l'opposé de la « résignation acquise », le sentiment d'un contrôle personnel possible sur les événements, qui fait tellement défaut à M. Vy, en tout cas dans les échanges que nous avons eus avec lui, est donc considéré comme la première des trois qualités participant de ce que des chercheurs américains en psychosociologie qualifient de « hardiness », et que l'on peut traduire par la bien rassurante notion française de « solidité ».
La solidité « correspond au sens de maîtrise personnelle des événements stressants survenant dans la vie (2). » C'est une force qui est donc constituée en premier de la composante interne du Lieu de contrôle, en second de ce qu'on appelle la capacité « d'engagement », et en troisième d'une forme de posture dite de « défi ».

LA COMPOSANTE INTERNE

La composante interne du Lieu de contrôle a été longuement évoquée plus haut.

L'ENGAGEMENT

La notion d'« engagement » dont parlent les chercheurs ressemble de très près à l'« engagement » dont chacun d'entre nous a pu faire l'expérience banale. Pour *Le Petit Robert*, l'engagement correspond à l'idée de se « mettre dans une situation qui crée des responsabilités et implique certains choix ». Il peut donc être défini comme la capacité à se sentir responsable et impliqué dans les activités quotidiennes nous concernant. Celui qui se sent responsable suppose qu'il n'est pas impuissant vis-à-vis des problèmes à résoudre, mais bien au contraire qu'il possède au minimum les moyens de les affronter, peut-être de les influencer, voire de les maîtriser. Il ne se sent ni coincé par la situation, ni pétrifié par l'importance des enjeux, ni indifférent. Mais il se sent profondément et positivement concerné.

(2) Isabelle Paulhan, Marc Bourgeois, *Stress et Coping*, Paris, Presses Universitaires de France, 1995.

LA NOTION DE DÉFI

La notion de « défi » suppose, quant à elle, la capacité de regarder les difficultés qui surgissent assez inévitablement, non comme des menaces pesant sur sa propre sécurité mais plutôt comme des incitations à se surpasser, à inventer des façons nouvelles d'agir, à chercher des solutions aux problèmes, comme une possibilité offerte de s'expérimenter en souplesse dans des conditions inattendues.
Dans l'idée de défi, il y a l'idée d'un jeu dynamique et créateur avec l'adversité. Il y a aussi l'attente plutôt joyeuse d'une bonne surprise que réserverait l'inattendu. Il y a enfin cette heureuse disposition à sauter sur toutes les occasions qui s'offrent de grandir et se développer encore et encore, malgré le risque, bien assumé, de se tromper ou de se brûler un peu les ailes.
Car il ne s'agit pas de défier les autres, avec comme préoccupation principalement hostile celle de les écraser tous, mais de s'éprouver soi-même, avec comme préoccupation principale le plaisir jubilatoire de découvrir et d'apprendre, encore et toujours.

Les sujets qui ont eu la chance de développer ces trois qualités, contrôle interne, capacité à s'engager et posture de défi, sont donc qualifiés de solides, endurants, et apparaissent moins vulnérables, moins sensibles aux méfaits d'une situation stressante.

IV • L'attribution causale

À QUI LA FAUTE ?

Le concept d'attribution causale est très proche de celui de contrôle. Il s'en différencie pourtant dans la mesure où il s'adresse à une situation particulière et ne constitue donc pas, comme le fait le *Locus of contro*l, une façon générale d'envisager la vie. Il propose une réflexion sur les causes attribuables à la manière dont s'est déroulé un événement bien précis, limité dans le temps, par exemple la survenue d'un accident de la route, ou la réussite (ou l'échec) à un examen.
Prenons l'exemple de quelqu'un qui viendrait tout juste de passer un examen, avec des résultats décevants. Le concept d'attribution causale concerne le type de causes qui pourraient être invoquées pour expliquer cet échec.
Plusieurs causes sont évidemment envisageables :

- **cause n° 1 :** « Je n'ai pas fourni assez de travail. » Cette cause invoquée a toutes les apparences d'une attribution causale interne.

- **cause n° 2 :** « Je ne suis pas très bon dans cette matière. » Cette cause a aussi les apparences d'une attribution causale interne, mais on verra plus loin comment elle se différencie de la réponse n° 1.
- **cause n° 3 :** « J'ai pas eu de chance. » La cause invoquée est typiquement externe.
- **cause n° 4 :** « Cet examen était objectivement vraiment difficile. » La cause invoquée, le niveau de difficulté de l'examen, est difficilement contrôlable par le candidat, c'est donc encore une cause externe.

Plus les causes invoquées pour expliquer tel ou tel événement seront d'ordre externe, plus elles sembleront devoir durer éternellement : « De toute manière, j'ai pas de chance, j'en ai jamais eu, et j'en aurai jamais », plus elles apparaîtront incontrôlables par le sujet lui-même, et plus importants seront les effets du stress causé par cet événement.

QUELQUES EXEMPLES

Isabelle Paulhan cite l'étude faite sur des soldats israéliens de retour de guerre (la guerre du Liban), et atteints de syndrome de stress post-traumatique. Cette étude a démontré très clairement les effets du « mode d'attribution ». Il est apparu très nettement que plus les soldats avaient, pour un événement négatif, un mode d'attribution causale externe, stable et incontrôlable « Nous ne pouvons vraiment rien à ce qui nous est arrivé », plus graves étaient les signes du syndrome de stress post-traumatique ressenti.

C'est pourquoi les dimensions d'internalité et de contrôlabilité des causes attribuées à un événement sont considérées comme des modérateurs, des sortes de tampons très positifs, capables de filtrer efficacement la nocivité d'une situation stressante.

C'est en ce sens qu'on peut analyser la réaction des employés des Caisses d'Épargne d'Île-de-France Nord, après les deux agressions qui ont fait trois morts et la une des journaux lors de l'été 2001. On comprend bien que la fréquence des attaques à main armée soit un paramètre difficilement contrôlable par les employés des agences. Toutefois, pour se protéger des effets nocifs de l'après-traumatisme, il était important de ne pas laisser toute la place au sentiment d'impuissance. Il fallait donc qu'ils trouvent un moyen d'agir. C'est ce qui a été fait, par une vigoureuse protestation collective, et par la revendication (satisfaite) de la présence d'un vigile devant chaque agence.

Quel que soit l'effet réellement dissuasif de la présence d'un vigile, les statistiques sont floues à ce sujet, le fait pour le personnel d'avoir eu la possibilité d'agir positivement pour modifier les conditions de son environnement quotidien, a certainement permis de filtrer, au moins en partie, la capacité de nuisance du traumatisme subi.

LE DOUBLE VISAGE DE L'ATTRIBUTION INTERNE

Toutefois, le niveau interne de l'attribution (« Je suis, même seulement en partie, pour quelque chose dans ce qui m'est arrivé ») n'offre pas systématiquement ses vertus de négociateur des tensions. Il peut, à y regarder de plus près, avoir une action et des effets assez contradictoires. Il existerait, en effet, deux types différents d'attribution causale interne.
L'une correspond à une sorte d'évaluation morale du mérite ou de la faute. Elle se rapproche beaucoup de la notion judéo-chrétienne de culpabilité, et porte, chez les scientifiques américains, le nom peu flatteur d'attribution causale « caractérologique ».
L'autre porte le nom de causalité interne « comportementale » et se rapproche de la notion de responsabilité. Elle se rapporte à un comportement bien défini, une façon d'agir, qui aurait pu être évité, et qui pourra (pourrait) l'être dans l'avenir.

La causalité caractérologique porte malheureusement sur l'ensemble de la personne. Elle n'a donc pas d'effet protecteur par rapport à la nocivité d'un événement stressant. Bien plus, elle aurait plutôt des conséquences dépressogènes, puisqu'elle suppose que c'est la personne elle-même qui fait, ou qui a fait, défaut dans telle ou telle situation.
La causalité interne, sous sa forme caractérologique, met donc en cause profondément la valeur même de la personne et attaque directement les bases de son estime de soi.

À l'inverse, l'attribution interne comportementale laisse intacts les fondements narcissiques du sujet. On n'est plus dans le registre de la faute qu'il faudrait indéfiniment expier, mais dans celui de l'erreur qui, somme toute et dans beaucoup de cas, reste réparable. L'erreur, acceptée comme telle par une attribution causale interne comportementale ouvre sur de possibles changements, elle est fondamentalement source de progrès et s'accompagne d'une ouverture optimiste sur l'avenir : « La prochaine fois, si je travaille davantage, si je m'y prends différemment, si…, ou si encore…, je ferai mieux. »

À titre d'exemple du caractère néfaste de l'attribution causale caractérologique, ou du caractère bénéfique de l'attribution interne comportementale, prenons la manière de traiter le bien classique entretien annuel d'appréciation du personnel.
Au moment de l'évaluation annuelle des compétences des salariés, une règle est bien établie, qui intime à l'évaluateur de ne jamais remettre en cause la personnalité du collaborateur, mais de faire porter son appréciation uniquement sur les comportements, qui sont, comme chacun sait, directement observables, objectivement mesurables et, parfois, réellement modifiables. Cette règle, à supposé qu'elle soit systématiquement appliquée, s'appuie clairement sur la connaissance des effets ambivalents de l'attribution causale.
C'est pourquoi, veiller bien clairement à ne pas mettre en cause la personne même du collaborateur, et réfléchir ensemble sur les « comportements » ayant entraîné succès ou échecs, est la bonne manière de diminuer le stress de ces situations d'évaluation, si riches en potentialités blessantes. C'est aussi la bonne manière d'ouvrir sur une dynamique positive de changements.

V • Le soutien social

Le soutien social constitue un autre des médiateurs actifs de la relation stress/détresse. Pour exister, le soutien social suppose la présence de trois ingrédients (voir de nouveau Isabelle Paulhan et Marc Bourgeois).

LA POSSIBILITÉ D'UNE RELATION INTIME ET EMPATHIQUE

La possibilité d'une relation intime et empathique avec une ou plusieurs personnes pour parler des événements qui posent problème sans risque de jugement constitue l'ingrédient le plus précieux du soutien social.
Au niveau privé, il s'agit de pouvoir compter sur un ou plusieurs amis, plus ou moins proches, auxquels on peut se confier sans crainte. Par leur écoute chaleureuse et patiente, par leurs paroles parfois éclairantes, leur point de vue plus distant, les amis et les proches jouent un rôle apaisant et modérateur très important. Ce rôle, semblable à celui que jouait la mère dans la petite enfance, est qualifié par la psychanalyse de pare-excitation. Il permet d'atténuer sérieusement les tensions générées par l'âpreté des situations rencontrées (3).
Au niveau professionnel, c'est la possibilité d'avoir recours à des collègues et amis bienveillants, en cas de souci ou de difficulté particulière. Il est possible

(3) Jean-Benjamin Stora, *Le Stress*, Paris, Presses Universitaires de France (*Que sais-je ?* n° 2575).

aussi de faire l'heureuse rencontre d'un manager doté d'une bonne capacité à prêter l'oreille aux soucis de ses collaborateurs sans qu'ils se sentent arrêtés par la crainte d'être jugés ou condamnés *a priori*.
Les groupes constitués « d'analyse de pratique » fonctionnent sur le principe du soutien social. Les participants, en débattant avec leurs pairs des difficultés qu'ils rencontrent, en écoutant des questionnements ou des points de vue autres, ont l'occasion de faire un travail psychique très important, qui non seulement atténue l'effet nocif des éventuels échecs rencontrés, mais aussi permet d'améliorer et consolider les capacités futures à faire face.

LA POSSIBILITÉ D'UNE AIDE MATÉRIELLE

Cette possibilité peut s'exprimer sous la forme de soutien financier par exemple ou de services rendus.
On peut penser à de jeunes adultes soudain confrontés au problème du chômage et qui, sachant pouvoir compter sur l'aide financière de leur famille, ressentent moins fortement les effets de ce traumatisme.
Quant aux services rendus, ils peuvent être extrêmement variés : courses, prêt de matériel, garde d'enfant, soins prodigués aux plantes ou aux animaux domestiques, etc., la liste est quasiment infinie. Pouvoir compter sur voisins, amis, collègues de travail pour assurer une de ces tâches en cas d'indisponibilité soudaine (maladie, hospitalisation, formation, etc.) permet de diminuer notablement l'impact de la situation stressante.
C'est pourquoi, encourager dans son équipe la bonne vieille solidarité et, encore mieux, donner soi-même l'exemple, peut être considéré comme l'un des moyens efficaces de diminuer l'impact des situations stressantes rencontrées. Toutefois, ce conseil, malgré sa simplicité, se montre malheureusement parfois difficile à mettre en application, comme par exemple dans certaines équipes de commerciaux, qui sont organisées et managées sur un mode trop principalement concurrentiel et compétitif.

RECEVOIR DES INFORMATIONS ET DES CONSEILS

La troisième composante du soutien social est la possibilité de recevoir des informations et des conseils.
Telle étudiante se présentant à un concours, ira enquêter auprès de personnes ayant passé (si possible avec succès) ce concours. Telle autre, à l'orée d'une décision d'orientation, ira consulter des professionnels confirmés dans la branche qui l'intéresse. En entrant dans une entreprise, tel nouveau salarié cherchera à se renseigner auprès de ses collègues pour savoir comment ça fonctionne, qui est qui, ce qu'il faut faire ou surtout ne pas faire, ce qu'on peut dire ou ne pas dire, avec qui peut-on faire alliance, etc.

Certaines organisations prévoient ainsi d'atténuer le stress des nouveaux arrivants, c'est-à-dire de façon bassement matérialiste, de les amener à se montrer plus vite plus efficaces, en leur attribuant une sorte de mentor, dont la mission est de leur fournir, quand et s'ils le désirent, les informations qui leur semblent nécessaires. De même, lorsque Patagonia (leader sur le marché américain des vêtements de montagne) propose une crèche dans l'entreprise, il met en œuvre un modérateur de stress fort utile à tous et à toutes.

Un grand nombre d'associations fonctionnent directement sur ce principe du soutien social. Il en est ainsi des « Weight Watchers », des « Alcooliques Anonymes », des « Boulimiques » ou des « Endettés » anonymes. Apporter mais aussi recevoir du soutien social est certainement une des plus puissantes motivations pour participer aux activités d'une association, quelle qu'elle soit. En France, dans le cadre de la loi de 1901, cela concerne des millions de personnes.

On peut trouver un autre exemple de soutien social dans la réaction collective des employés des Caisses d'Épargne de Paris Nord Île-de-France. En effet, après le violent traumatisme des attaques (dont une triplement mortelle), citées plus haut contre deux de leurs agences, l'importance de la mobilisation solidaire dans l'ensemble des différentes agences du département a certainement participé à atténuer, pour une part non négligeable, l'impact négatif des agressions subies. On peut avancer l'hypothèse assez vraisemblable que l'intensité du soutien social manifesté a contribué à diminuer les réactions du syndrome de stress post-traumatique du personnel agressé.

Notion de soutien social perçu

Comme souvent dans l'approche scientifique des effets du stress, et du rôle de médiateur de certaines dimensions, des échelles d'évaluation ont été construites et largement utilisées. Le questionnaire d'auto-évaluation de soutien social de Sarason et son équipe, mesure notamment le nombre de personnes auxquelles le sujet pense pouvoir recourir en cas de besoin ainsi que la satisfaction qu'il pense en retirer. Les résultats montrent une corrélation négative entre les scores obtenus et la détresse psychologique.
Moins le sujet pense pouvoir bénéficier d'un soutien social fort, plus sa détresse est grande, et plus il se montre sensible aux méfaits d'une situation stressante. Plus le sujet pense qu'il peut bénéficier d'un soutien social fort, moins il est sensible aux effets nocifs d'une situation aversive.
Enfin, ce qui compte le plus dans l'effet médiateur du soutien social, c'est davantage la disponibilité du soutien telle qu'elle est perçue par le sujet lui-même, que le soutien réellement et objectivement reçu, qui en fait l'efficacité.

Isabelle Paulhan et Marc Bourgeois citent une série de recherches dont les résultats indiquent clairement l'effet du soutien social sur la réduction de l'impact négatif d'événements stressants. Ainsi, une équipe de chercheurs a mesuré l'effet du soutien social sur une population de 50 personnes asthmatiques.
Ils ont relevé les données correspondant au niveau mesuré du soutien social (estimé par les patients eux-mêmes). Ils ont croisé ces données avec celles qui concernent le nombre d'événements stressants survenus, et ont fait des comparaisons avec les résultats du dosage de certains messagers chimiques du stress, les corticostéroïdes.
Ces comparaisons ont mis en évidence que le taux de corticostéroïdes restait bas :

- dans la population des asthmatiques ayant subi peu d'événements stressants ;
- et pour la population ayant subi des événements stressants mais bénéficiant d'un fort score de soutien social.

En revanche, les taux de corticostéroïdes étaient élevés (signalant ainsi un état défavorable) :

- chez les asthmatiques ayant subi des événements stressants ;
- et se définissant en même temps comme démunis de soutien social.

VI • Les capacité à rire, à rêver, à imaginer

Ces capacités constituent une extraordinaire force de rupture avec les exigences fortement insistantes du réel. Face à la toute-puissance des demandes du monde, le sujet garde à sa disposition la jouissance heureuse d'un espace intérieur où il est libre d'inventer, de créer, d'imaginer ce qu'il veut, comme il le veut. Cet aimable jardin secret fonctionne comme une sorte de centre de ressources. Dans ce mini éden personnel, les rêves ont la magnifique propriété d'exaucer tous les désirs, le rire sait renverser le sens convenu des choses, la créativité et l'inventivité se lancent de fructueux défis et, tandis que les mots jouent au toboggan le long des échelles de valeurs, l'espérance se nourrit de la légèreté de l'air du temps.
Même si elles ne constituent pas un moyen direct de faire face aux situations rencontrées, ces capacités à rire, rêver, imaginer ne méritent pas le reproche qui leur est fait trop souvent d'être coupées du monde. C'est un reproche d'autant plus injuste qu'elles s'en nourrissent exclusivement.
Ce qu'elles offrent, c'est la possibilité d'une trêve, d'une interruption bienvenue du cours inéluctable de l'agir. Elles permettent de renoncer momentanément à l'âpre volonté de modifier le monde, renoncement dont l'effet le plus paradoxal est d'exercer une influence radicale sur les relations entre le sujet et le monde.

Jean-Benjamin Stora, dans une interview accordée à Sophie Carquain (*Madame Figaro*, 21 mai 1999, pp. 120-122) lors de la sortie de son passionnant ouvrage *Stress et traumatisme, quand le corps prend la relève* (4), rappelle l'importance qu'il accorde à ces capacités pour mieux lutter contre les effets négatifs du stress. Il déclare : « Les gens qui ont un imaginaire développé, une certaine souplesse psychologique sont moins fragiles. Ils savent amortir les coups durs, n'étouffent pas leurs conflits intérieurs, rêvent beaucoup la nuit, signe qu'ils s'écoutent, et ne brident pas leur inconscient. »
Quant à l'importance du rire pour la santé mentale, que le rire en soit considéré comme la cause ou comme la conséquence, il existe de nombreux ouvrages extrêmement sérieux pour attester de sa valeur indéniable. L'Anglais Robin Skynner, psychothérapeute familial, en apporte la preuve éclatante en écrivant *Comment être un névrosé heureux ?* en collaboration étroite avec John Cleese, l'un des humoristes les plus connus du groupe des Monthy Python (5).
Nous pouvons renvoyer notre lecteur à sa propre expérience de la fabuleuse jubilation que procurent un bon mot, une joyeuse facétie, une blague un peu légère, qui savent heureusement remettre à la bonne heure les horloges de la chimie interne.

VII • Les métamorphoses du danger

L'impact du stress sur un sujet ne peut donc plus être considéré comme directement proportionnel à la nocivité objectivement mesurable des situations rencontrées. Nous avions déjà vu dans le chapitre 2 théorique que la relation stress/détresse est fortement modulée par l'appréciation intime du danger supposé encouru. Cette notion d'appréciation est essentielle et se retrouve, à un second niveau, dans la manière dont le sujet apprécie ses propres ressources pour faire face aux situations stressantes.

(4) Paris, Éditions Odile Jacob, 1999.
(5) Trad. fr. par C. Fort, Paris, Éditions Odile Jacob, 2001.

Les métamorphoses du danger

Situation rencontrée et danger potentiel

sont filtrés par

EXIGENCES DÉRAISONNABLES
NOMBREUX CONFLITS NON RECONNUS
NOMBREUSES PEURS NON EXPLORÉES
ENJEUX DÉMESURÉS
FAIBLES CAPACITÉS D'ÉLUCIDATION

Ce qui donne l'appréciation surévaluée

ATTENTION DANGER !!!

deuxième niveau d'évaluation

FAIBLES CAPACITÉS À S'ENGAGER
MANQUE DE SOLIDITÉ
CONTRÔLE EXTERNE
IMAGINATION PAUVRE
INCAPACITÉ À RÊVER
SOUTIEN SOCIAL FAIBLE
FAIBLE ESTIME DE SOI

Ce qui donne

IL Y A DANGER ET JE NE PEUX PAS FAIRE FACE !!!

Ces métamorphoses déclenchent un

FORT NIVEAU DE STRESS ET DE DÉTRESSE

qui suscite une action rigide et angoissée, donnant peu de résultats encourageants.

La spirale négative

Pour le sujet malheureusement inscrit dans le tourbillon négatif du stress, les métamorphoses successives du danger dessinent une spirale décourageante. L'absence de solidité se traduit par une capacité d'engagement de moins en moins forte. L'habitude de ne pas s'engager sape remarquablement la confiance en sa capacité à mener à bien n'importe quel projet. La posture de défi est remplacée par une posture générale de crainte, nourrie de toutes les occasions manquées. Chaque nouvel échec rencontré renforce un peu plus le sentiment d'impuissance.
La litanie des accélérateurs de stress est complète : le lieu de contrôle est externe, ainsi que l'attribution causale. Si l'attribution causale est interne, elle prend la forme caractérologique. L'expectation se situe franchement du côté de l'incontrôlabilité et le soutien social est ressenti comme absent.

Plus grandit le sentiment d'impuissance, et plus grandissent les exigences exorbitantes. Plus fort se montre le sentiment d'indignité et plus fort se déchaîne l'attente d'une revanche grandiose. Aussi, chaque nouvelle situation stressante sera vécue comme l'occasion d'effacer l'humiliante comptabilité des erreurs passées et d'opposer enfin à tous l'aveuglante perfection d'un succès absolument indiscutable.
Le poids d'un tel enjeu ne manquera pas d'alourdir le sentiment du danger encouru, de rigidifier et d'appauvrir la façon d'envisager les solutions pour faire face à la situation et d'assombrir encore davantage les perspectives de réussite. Dans ces conditions, le succès, escompté absolument sans faille, tardera à se manifester.

Inverser la tendance

Que le lecteur qui se reconnaîtrait dans ce lugubre portrait ne se laisse pas emporter par l'attraction de la spirale maléfique. Qu'il ne cède pas au vertige du « stress du stress ». Tout homme (masculin ou féminin) peut, tout comme Ulysse, inventer les moyens de résister au sinistre pouvoir des sirènes du stress.
Certes, la résistance ne va pas de soi, car les mécanismes psychiques apparaissent souvent extraordinairement tenaces, voire butés, mais l'expérience montre qu'ils savent aussi se montrer merveilleusement souples et apprivoisables.

Le cycle négatif comme le cycle positif du stress s'organisent sur la durée. Ils installent un mécanisme de relation entre soi et le monde qui offre toutes les apparences de la stabilité sur le moyen comme sur le long terme.

Tout à l'opposé de cette durée, la possibilité de lâcher la spirale négative du stress, pour ouvrir un passage vers un enchaînement plus vertueux, la possibilité d'opérer ce salutaire mouvement de bascule, cette inversion de l'un à l'autre, s'organisent dans l'instant.

Schématiquement, pour celui qui veut opérer ce passage avant de s'impliquer en toute responsabilité dans la transformation raisonnée de la situation, nous proposons un résumé des principes tout simples de cette action « instantanée ».

Pour réaliser ce mouvement intime de bascule, il faut et il suffit de se décider, et sans attendre l'hypothétique survenue du grand lendemain, d'appliquer à chaud, ici et maintenant, au moins l'un des principes suivants :

premier principe : prendre le temps de la conscience de soi

accueillir les tensions physiques
reconnaître la tension psychique
repérer les tensions relationnelles

deuxième principe : prendre le temps de l'élucidation

considérer ses peurs
se représenter ses enjeux

troisième principe : prendre le temps de considérer les faits

s'informer
multiplier les points de vue
analyser

quatrième principe : s'autoriser une stratégie de rupture

faire un pas de côté
rire, rêver
sentir
respirer

cinquième principe : prendre le temps de différencier

les faits et les sentiments
ses forces et ses faiblesses
les objectifs réalistes et irréalistes
la perfection et l'excellence
l'absolu et le relatif

Une fois découvert (redécouvert) ce libre mouvement de bascule, il faut alors s'attacher à consolider sur la durée les pratiques du stress positif.

La première étape consiste à être conscient de l'existence et des attraits de la spirale négative. Accepter l'existence en soi de ce mécanisme mortifère est la première épreuve nécessaire.
En repérer les composantes personnelles, les rattacher aux souvenirs de situations vécues, à des ressentis physiques, des sentiments, des pensées permet, dans une deuxième étape, de s'en faire une représentation riche et vivante.
Plus ce travail d'élucidation est important, plus facile sera la reconnaissance intime de l'éveil du mécanisme, et plus seront faciles à mettre en œuvre les moyens d'y faire face.
Toutefois, accorder au mécanisme négatif un droit d'existence n'implique pas le fait de lui accorder tous les droits. La conviction solide que ce mécanisme n'est pas un absolu, qu'il n'est pas à l'œuvre tout le temps, partout et irrévocablement, offre un soulagement très net.

L'approfondissement du travail d'élucidation demandera plus ou moins de temps, selon l'histoire et les difficultés de chacun.
Il pourra se faire seul, grâce à la réflexion, aux lectures, aux discussions avec les proches, et à la confrontation quotidiennement raisonnée aux situations de stress.
Il pourra aussi se faire en groupe, en formation, avec des groupes d'analyse de pratique, ou des groupes centrés sur l'expression de soi.
Il pourra enfin se faire avec l'aide précieuse d'un psychothérapeute, qui permet le plus souvent d'aller plus loin, avec plus de confort, plus d'ouverture et de sécurité.

L'assouplissement des exigences, l'humanisation des enjeux, la familiarisation avec les peurs, le refus absolu de l'absolutisme, constituent la suite nécessaire des étapes qui conduisent à stabiliser l'existence de la version heureuse du mécanisme du stress.

L'enchaînement vertueux

Dans cette version positive, les situations rencontrées sont appréciées à leur mesure, libres de la surtaxe exorbitante d'enjeux extravagants ou d'exigences inhumaines. Le sujet vit chaque situation-problème comme un défi, une occasion heureuse de développer sa virtuosité. Chacune de ces expériences a pour effets bénéfiques de conforter un aimable sentiment de compétence et d'augmenter sa confiance en lui. Petit

à petit, il prend la mesure de son pouvoir et construit la certitude qu'il peut agir plus ou moins positivement sur ce qui lui arrive. Et même si le résultat des actions qu'il a menées n'est pas toujours absolument satisfaisant, le sujet garde une estime de soi suffisamment bonne pour n'être pas complètement déstabilisé par un échec.
Conscient de ses forces, conscient de l'existence de sa sphère d'influence, il est en même temps conscient de ses limites et de ses faiblesses qu'il a, bon gré mal gré, appris à respecter. Il a appris à ne pas trop s'effrayer de ses propres frayeurs qu'il sait dorénavant utiliser comme des aiguillons pour progresser. Jour après jour, il sait s'autoriser une alternance naturelle et souple entre des moments de franche mobilisation de son énergie physique et psychique, et des moments de détente et de récupération.

C'est dans cet enchaînement vertueux, dans cette version un peu « hollywoodienne » de la spirale du stress, que le stress montre le mieux sa fonction physiologique majeure de « serviteur intelligent de la vie ».
L'expérience répétée de la confrontation positive aux situations-problèmes permet de susciter, éveiller et développer les bases de la confiance en soi. Et ce sont précisément ces qualités qui donneront les moyens et le courage nécessaires pour affronter au mieux la survenue de stress plus importants. Et de nouveau cette confrontation renforcera ces qualités, ce qui renforcera encore la confiance en ses capacités. Ainsi de suite.

Version heureuse des transformations du danger perçu

Situation rencontrée et danger potentiel

sont filtrés par

EXIGENCES RAISONNABLEMENT RAISONNABLES
PEURS ET CONFLITS RECONNUS
CAPACITÉS D'ÉLUCIDATION
ENJEUX RAISONNABLEMENT RÉALISTES
BON RECUL

Ce qui donne l'appréciation pondérée

DANGER !!!

deuxième niveau d'évaluation

CAPACITÉ À S'ENGAGER
SOLIDITÉ
CONTRÔLE INTERNE
IMAGINATION FERTILE
CAPACITÉ À RÊVER
SOUTIEN SOCIAL
BONNE ESTIME DE SOI

Ce qui donne l'évaluation

IL Y A SANS DOUTE DANGER
MAIS JE SAIS QUE JE PEUX FAIRE FACE !!!

Ces métamorphoses déclenchent

UN STRESS MODÉRÉ

qui permet une action heureuse et imaginative.

■ Renforcer les capacités à faire face

• Fiche 15 : Stress bienfaisant

Résumé
Lorsqu'il reste modéré, le stress a pour fonction d'être un aimable serviteur de la vie. Lorsqu'il est en excès, en overdose, le stress prend le masque d'un mercenaire de la mort. Cette fiche explore l'expérience subjective du stress positif.

Objectifs
- mettre en évidence l'intelligence du stress, comme serviteur de la vie ;
- reconnaître, en soi, les bienfaits du stress.

Déroulement
Lisez attentivement la liste des propositions faites ci-dessous. Notez de 1 à 3 chacune de ces propositions, selon qu'elles correspondent un peu, beaucoup, ou pas du tout à votre expérience vécue du dernier mois écoulé.

1 ❑ Ce n'est pas du tout moi.
2 ❑ C'est partagé, parfois c'est moi et parfois pas du tout.
3 ❑ C'est tout à fait moi.

Au cours du mois qui vient de s'écouler :

1 ▪ Je me suis senti le plus souvent plein d'énergie corporelle, plein de force, bien réveillé, dynamique. ❑
2 ▪ J'ai pu montrer une bonne capacité de concentration. ❑
3 ▪ Je me suis senti à l'aise et agile dans les moments de réflexion. ❑
4 ▪ J'ai eu plaisir à effectuer des analyses de situation. ❑
5 ▪ Je me suis senti plein de curiosité pour recueillir et traiter beaucoup d'informations nouvelles. ❑
6 ▪ J'ai pratiqué activement la recherche créative de solutions nouvelles. ❑
7 ▪ J'ai initié (ou participé à) des changements et des innovations. ❑
8 ▪ J'ai expérimenté un large éventail de comportements face à l'adversité. ❑
9 ▪ J'ai accueilli avec bonheur (et modestie) le sentiment de ma propre compétence. ❑
10 ▪ Je n'ai pas eu trop de mal à relativiser les situations d'échec. ❑
11 ▪ J'ai accueilli avec un minimum de tolérance les preuves (malheureusement éclatantes) de mes faiblesses ou de mes rigidités. ❑
12 ▪ J'ai accepté, sans trop me sentir blessé, que les autres pensent ou agissent différemment de moi. ❑

13 ▪ Je me suis encouragé à continuer à faire face. ❑
14 ▪ J'ai pratiqué le « devoir d'espérance », en gardant le plus souvent possible une vision optimiste de la vie et de l'avenir. ❑
15 ▪ J'ai lutté contre mes tendances dépressives. ❑
16 ▪ J'ai gardé bon appétit et bon sommeil. ❑
17 ▪ Je ne me suis pas trop laissé embarquer dans une réaction impulsive face à la pression d'une situation stressante. ❑
18 ▪ J'ai eu plaisir à prendre le temps de voir mes amis et ma famille. ❑
19 ▪ J'ai pu organiser mon temps en fonction de mes priorités. ❑
20 ▪ J'ai pris soin de moi. ❑

• Analyse des résultats

- **Vous avez entre 20 et 29 points :**
  Vos estimations pour ce mois écoulé laissent entendre que vous avez peu bénéficié des bienfaits du stress positif. Peut-être parce que vous avez traversé une période d'excès de stress, ou peut-être à l'inverse par sous-stimulation, par manque de stress. Il est peut-être temps pour vous de réévaluer vos objectifs de vie.

- **Vous avez entre 30 et 49 points :**
  Vos estimations laissent voir que vous savez tirer un grand profit des effets positifs du bon stress. Ne vous arrêtez pas en si bon chemin, vous pouvez encore continuer à progresser.

- **Vous avez entre 50 et 60 points :**
  Vos estimations laissent voir que vous savez profiter de tous les bénéfices du stress positif. Il n'y a rien à rajouter. Bravo. Vous êtes certainement un homme (une femme) heureux (se). Ne manquez pas d'en faire profiter les autres.

Pour aller plus loin

Lire :
- Isabelle Paulhan et Marc Bourgeois, *Stress et Coping. Les stratégies d'ajustement à l'adversité*, Paris, Presses Universitaires de France, collection *Nodules*, 1995.
- Marilou Bruchon-Schweitzer et Robert Dantzer, *Introduction à la psychologie de la santé*, Paris, Presses Universitaires de France, collection *Psychologie d'aujourd'hui*, 1994.

• Fiche 16 : Êtes-vous victime de la spirale négative du stress ?

Résumé
Cette fiche explore l'expérience subjective du stress négatif.

Objectifs
- repérer les effets négatifs du stress ;
- mieux se connaître ;
- se donner des pistes de progression.

Déroulement
Lisez les propositions suivantes, et cochez celles qui correspondent au plus près à votre expérience de ce dernier mois.

Au cours de ce dernier mois, vous estimez avoir éprouvé ou rencontré :
- trop de fatigue, trop d'énervement, trop de trop ;
- des tensions musculaires excessives pouvant déboucher sur des troubles musculo-squelettiques ;
- des problèmes d'appétit (trop ou pas assez) ;
- des problèmes d'endormissement ;
- des réveils nocturnes réguliers avec remontées obsédantes des soucis du jour ;
- une diminution sensible de la confiance en soi ;
- une augmentation du sentiment d'impuissance ;
- une peur excessive du jugement d'autrui ;
- une grande vulnérabilité ;
- une atteinte sévère de l'estime de soi ;
- de la tristesse pouvant aller jusqu'à la dépression ;
- une colère contre le monde entier ou contre soi ;
- une diminution notable du sentiment de sa propre responsabilité ;
- une augmentation du sentiment de culpabilité ;
- un sentiment irrémédiable d'urgence ;
- la perte (espérée momentanée) de la capacité à goûter simplement le plaisir du moment présent ;
- une augmentation de la rigidité dans les solutions envisagées ;
- une diminution de l'amplitude de la gamme des comportements possibles ;
- une augmentation du repli sur soi, des tendances à l'introversion (ce qui ne permet pas d'enrichir par la discussion, la gamme des comportements possibles) ;

- une augmentation de l'accusation d'autrui, jugé seul responsable de ce qui arrive (ce qui augmente le sentiment d'impuissance) ;
- une multiplication des occasions de querelles ;
- une augmentation des manifestations de mauvaise humeur ;
- une augmentation des erreurs, oublis, temps perdu en activités fébriles et parfois désordonnées ;
- une prévalence du sentiment d'urgence se traduisant par une accélération du débit de la parole accompagnée d'une hausse nettement perceptible du niveau de la voix ;
- une augmentation de la fébrilité dans les gestes, avec augmentation de la maladresse corporelle, heurts et accrochages divers accompagnés parfois de pertes soudaines d'équilibre ou de chutes ;
- une diminution de la capacité d'écouter autrui ;
- une diminution de la capacité à prendre des risques, ce qui restreint encore plus le répertoire des comportements efficaces, diminue les occasions d'apprentissage et contribue à détériorer encore le niveau d'estime de soi ;
- une difficulté de plus en plus grande à prendre du recul ;
- une augmentation notable du temps dédié à l'action au détriment du temps dédié à la réflexion ;
- un emploi du temps n'autorisant aucune pause, tellement surchargé, qu'il en devient écœurant à seulement le regarder ;
- une gestion anarchique et complètement désordonnée des engagements et de l'agenda ;
- une perte de vue partielle (ou complète) des objectifs.

Premier bilan

- Si vous avez coché moins d'une dizaine de propositions, vous connaissez une dose « normale » de stress négatif. La pratique de certains (voire tous) des exercices proposés dans cet ouvrage devrait vous aider à y faire face de mieux en mieux et sans dommages pour votre santé physique et psychique.

- Si vous avez coché entre 10 et 20 des propositions ci-dessus, vous montrez une certaine vulnérabilité aux effets négatifs du stress. À la pratique solitaire des exercices et analyses présentés dans cet ouvrage, il serait bon d'ajouter une pratique de groupe comme, par exemple, l'inscription à des séminaires de formation à la gestion du stress, ou la pratique régulière de groupes de relaxation ou de yoga, soit encore la pratique de la méthode Vittoz, etc.

- Si vous avez coché plus de 20 propositions, vous traversez visiblement une période de très grande vulnérabilité au stress. Vous pourriez tirer un grand bénéfice et un grand soulagement d'un soutien extérieur qualifié.
  En vous aidant à mieux vous connaître, à avoir davantage confiance en vos possibilités et à mieux prendre soin de vos fragilités, une psychothérapie de soutien vous permettrait de franchir en sécurité cette période difficile de votre vie.

Deuxième bilan

Demandez à une personne qui vous est proche (et bienveillante envers vous) de cocher les propositions qui, à son avis, vous correspondent. Comparez vos résultats. Discutez-en ensemble.

....

Durée de l'exercice

Prévoir de se donner vraiment du temps, car l'exercice ne sert strictement à rien s'il est bâclé. Et ce serait tout à fait dommage de se rajouter, par impatience, une couche supplémentaire de stress, quand il s'agit de faire un exercice destiné, en principe, à mieux lutter contre les overdoses.

Fréquence

C'est un exercice de découverte et d'échange. Sous cette forme, il n'a donc pas besoin d'être renouvelé.

Toutefois, il peut vous permettre de dresser une sorte de check-list de vos propres « points de chauffe », qui sont à utiliser exactement comme les signaux clignotants d'un tableau de bord. C'est donc à vous qu'il appartient de retenir les propositions qui correspondent le mieux à vos façons à vous d'accuser la présence d'over-stress.

Dans un premier temps, le contrôle préventif peut s'effectuer de manière régulière, par exemple en fin de journée ou en fin de semaine. Puis, lorsque la pratique en sera bien acquise, votre sensibilité, mieux éduquée à ces différents signes d'alarme, vous permettra un feed-back quasiment instantané de votre état.

Mieux informé de votre état de stress ou d'over-stress, vous serez plus à même d'agir ou de réagir de façon ajustée, de vous maintenir dans la zone tempérée du stress, d'éviter les incursions trop nombreuses dans la spirale négative du stress.

Pour aller plus loin

Lire :

- Jean-Benjamin Stora, *Quand le corps prend la relève. Stress, traumatismes et maladies somatiques*, Paris, Éditions Odile Jacob, 1999.
- Christophe André et François Lelord, *L'Estime de soi. S'aimer pour mieux vivre avec les autres*, Paris, Éditions Odile Jacob, 1999.

Si nécessaire, consulter les associations de psychothérapeutes. Elles sont nombreuses, proposent des démarches diversifiées, comme, par exemple, l'approche cognitivo-comportementale, la Gestalt, la psychanalyse, les thérapies de soutien d'orientation psychanalytique, la psychosomatique d'orientation psychanalytique, la méthode psychosensorielle du Dr. Vittoz, l'hypnose, etc. ; il en existe plus de trois cents. Ces associations proposent des listes de thérapeutes. Elles garantissent généralement la formation et les compétences des professionnels qu'elles indiquent. Questionnez autour de vous. Ne craignez pas de rencontrer plusieurs thérapeutes s'il le faut, et de prendre le temps de la réflexion avant de vous engager.

• Fiche 17 : Quel contrôle corporel face à un stress ?

Résumé
Trois niveaux d'action sont possibles face à un stress, action sur les effets physiques, sur l'émotion ou sur la situation. Dans cette fiche seront explorées les actions possibles au niveau corporel. Leurs avantages et leurs inconvénients seront passés en revue.

Objectifs
- faire le lien entre quelques-uns des concepts décrits dans les chapitres précédents et les moyens d'agir au quotidien contre l'over-stress ;
- proposer un éventail le plus large possible d'actions à mener ;
- augmenter le sentiment de sa propre compétence à faire face.

Déroulement
Lisez attentivement la liste des actions proposées ci-dessous.
Complétez chacune des propositions en vous aidant de vos propres idées, vos réflexions, vos préférences et vos pratiques.

On peut diminuer l'intensité physique des réactions face à un stress

a. Par la pratique d'exercices respiratoires

Cela comprend, par exemple, la conscience globale de la respiration (ch. 5 pratique, fiche n° 24, *Bienvenue à l'oxygène,* p. 183), l'apaisement du rythme respiratoire, l'allongement de la durée de l'expiration, la pratique d'une respiration abdominale, l'accentuation du relâchement au cours de l'expiration.

Avantages :
C'est un bon moyen d'interrompre en douceur la tyrannie du fonctionnement sympathique. C'est un moyen parfaitement utilisable « à chaud », par exemple en face de quelqu'un qui est très en colère.
C'est un moyen qui vous appartient entièrement, car personne, absolument personne (mis à part les cas assez rares de violence extrême) ne peut vous enlever cette précieuse liberté de respirer comme vous le voulez.

Autres avantages :
....

Inconvénients :
Il est difficile d'utiliser efficacement le pouvoir apaisant de la respiration contrôlée dans l'urgence d'une situation soudaine de stress si on ne s'est pas du tout entraîné au préalable à cette pratique.
La respiration, utilisée toute seule, apparaît souvent comme un moyen dérisoire, lorsque la situation elle-même exige une action immédiate. En effet, souffler, même de manière contrôlée, sur une montagne de difficultés, n'a jamais clairement contribué à les faire disparaître, comme par magie.

Autres inconvénients :

....

b. Par des mini-relaxations invisibles, comme celles que procurent immédiatement la perception ainsi que *l'élargissement conscient* des divers points d'appui du corps, la détente des épaules, de la nuque ou des mâchoires, la *pause* des mains tranquillement à plat sur un support, l'exercice dit du *verre d'eau*, ou, pourquoi pas, fumer une cigarette, si on possède ce (qui est considéré comme un) gros défaut, etc.

Avantages :
Elles permettent de *lever tout doucement le pied* de l'accélérateur sympathique.
Elles procurent immédiatement un apaisement nettement perceptible des tensions.
En amenant un agréable sentiment de maîtrise plus subtile de soi, elles augmentent la confiance en soi et en ses propres compétences à faire face.
Elles modifient positivement la relation stress-détresse.
Elles augmentent la capacité à prendre du recul face à la situation stressante, et par conséquent, la possibilité de l'appréhender et de l'analyser avec plus d'objectivité.

Autres avantages :

....

Inconvénients :
Ces exercices ont peu d'effet *à chaud*, s'ils n'ont pas fait l'objet d'un entraînement préalable régulier.
Ils sont moins efficaces chez les personnes qui n'ont pas tout à fait apprivoisé leur conscience corporelle.
Ils ont peu d'effet direct sur les différentes composantes concrètes de la situation stressante.

Autres inconvénients :

....

c. *Par une augmentation générale de la maîtrise corporelle*, grâce à l'apprentissage et à la pratique régulière et répétée, soit d'une discipline sportive, soit de techniques respiratoires très élaborées comme dans le yoga, soit de techniques artistiques comme la danse, l'expression corporelle ou enfin le théâtre.

Avantages :

Ces apprentissages et ces pratiques apportent un sentiment général de confiance en soi.

Ils augmentent la familiarité avec les signaux corporels de détente ou d'inconfort.

Ils augmentent les sentiments de sécurité et de compétence dans la discipline apprise, sentiments qui peuvent agir par contagion positive dans de nombreuses autres situations.

Autres avantages :

....

Inconvénients :

Il faut souvent une expérience assez longue avant de ressentir les bienfaits de ces pratiques.

Il arrive que les sentiments de sécurité et de compétence acquis dans ces disciplines ne soient finalement pas exportables dans d'autres situations.

Autres inconvénients :

....

• Fiche 18 : Agir sur l'émotion

Résumé

Cette fiche propose quelques moyens permettant de faire évoluer « à chaud » les perceptions du stress et du contrôle possible.

Objectif

- agir sur le « stress perçu » comme sur le « contrôle perçu ».

Déroulement

Parcourez la liste de moyens évoqués ci-dessous. Expérimentez chacun d'entre eux. Puis, choisissez parmi eux ceux que vous pourrez utiliser facilement.

a. Modifier l'appréciation du danger encouru par l'analyse poussée de la situation

Cela se fait comme il a été proposé dans la fiche n° 5 p. 58, en repérant et analysant les différentes rubriques : situation, ressenti physique, sentiments, pensées. Repérez les pensées qui vous semblent déraisonnablement catastrophistes ou dévalorisantes. Réfléchissez aux avantages et aux inconvénients que vous pouvez en tirer. Ne craignez pas de lancer un grand débat interne.

b. Modifier l'appréciation du danger encouru par la recherche d'une évaluation plus réaliste, plus objective, des faits. Cela suppose deux choses :

Tout d'abord, de ne pas dénier la peur ou la crainte ressenties, mais au contraire de l'accueillir et de s'autoriser à en explorer les méandres et les résonances. Il arrive souvent, en effet, que les peurs éprouvées soient liées à la mobilisation plus ou moins consciente de souvenirs douloureux que la situation rencontrée évoque. Il arrive aussi que l'inquiétude naisse de la perception plus ou moins intuitive d'un risque réel. L'inquiétude ressentie est à considérer comme une hypothèse fertile de compréhension de la situation. Cela suppose alors de s'astreindre à la recherche délibérée d'informations concrètes et fiables, afin de vérifier le bien-fondé (ou non) de ses intuitions.

c. Réévaluer ses capacités personnelles à faire face efficacement

Un moyen simple consiste par exemple à se remémorer une situation de stress plus ou moins équivalente où l'on a su agir de manière heureuse et efficace. Un autre moyen consiste à accepter les encouragements et l'aide souvent proposés par l'entourage.

d. S'adresser (intérieurement, car c'est quand même socialement moins risqué) des discours encourageants

Exactement comme le font les supporters qui encouragent — pour eux, cela se fait sans problèmes à pleine voix — les efforts vers la victoire de leur champion favori. Il s'agit tout simplement d'être à soi-même ce fameux douzième homme dont parlent les footballeurs quand ils se sentent comme portés par leur public.

e. Réévaluer les conséquences d'un éventuel échec

Dans la façon d'aborder cette situation. Après tout, serait-ce si dramatique que cela de se tromper ?

Durée

La durée de ce travail de décorticage dépend beaucoup de la nature de la situation rencontrée. Elle peut varier grandement selon la gravité de la situation, la façon dont se posent les questions de temps et/ou d'urgence, l'entraînement préalable à ce travail d'analyse, l'implication éventuelle de partenaires, l'importance des enjeux personnels et collectifs, etc.

• Questions et remarques

- Quelle est la plus grande difficulté que l'on peut rencontrer ? Le plus difficile, à nos yeux, c'est de contenir ce mouvement très instinctif qui fait se précipiter vers la première solution-action qui se présente à l'esprit, car c'est alors toute la réaction sympathique qui fait peser son immense pression en faveur d'une action sans délai. En situation de stress, certes, il peut arriver que la rapidité des réactions se révèle essentielle au succès de la réponse. Toutefois, dans la grande majorité des cas rencontrés, l'urgence est un critère qui reste rigoureusement sans importance.
  Ce ralentissement de la pulsion d'action n'est pas à prendre comme un plaidoyer pour une inhibition complète de l'agir, qui ne serait certainement pas moins dommageable que la précipitation face aux inévitables sollicitations du quotidien.
  La capacité du travail psychique à filtrer et moduler efficacement les méfaits du stress se situe dans une juste mesure à trouver (et sans cesse retrouver) entre l'agir sans réfléchir et le réfléchir sans agir. Découvrir pour soi cette juste mesure, cet espace de contrôle, est une clé essentielle de la capacité à faire face.

Pour aller plus loin

- participer à des groupes d'analyse de pratique ;
- s'engager dans un travail psychothérapeutique.

• Fiche 19 : Agir méthodiquement

Résumé
Il est possible (et même assez souvent recommandé) d'agir directement sur le problème lui-même. Cette fiche propose une succession méthodique d'étapes nécessaires à l'action.

Objectif

- définir une méthode satisfaisante d'intervention sur les situations à problèmes.

Déroulement
Identifiez clairement les étapes proposées ci-dessous ; elles servent à intervenir utilement sur une situation stressante.
Recherchez celles que vous avez l'habitude de pratiquer et celles que vous sautez peut-être allégrement. Prenez le temps de vous attarder sur les étapes, s'il y en a, que vous pratiquez peu.
Prenez l'exemple d'une situation-problème que vous rencontrez et appliquez à cette situation bien concrète les différentes phases proposées.

a. Définir la situation stressante comme un problème à résoudre en s'accordant (si possible) le temps nécessaire pour recueillir le maximum d'informations concrètes. Chercher à en savoir davantage constitue déjà, en soi, une façon positive d'agir (et donc d'augmenter le sentiment de contrôle) contre l'overdose de stress. De plus, lorsque la situation stressante se résume à un problème de relation avec une personne, subordonné, client, collègue en colère, le simple fait d'accorder du temps à l'exposé de ses doléances permet souvent un premier apaisement notable de la tension.

b. En refusant de prendre pour argent comptant la première définition qui vient à l'esprit du problème auquel on se heurte, ce qui signifie prendre (lorsque c'est possible) suffisamment de temps de réflexion et d'analyse pour parvenir à une définition plus élaborée du problème posé. Il faut notamment tenir compte des différents aspects de la question, connaître les difficultés rencontrées par les autres personnes concernées et tenir compte aussi de la distance entre la situation-problème de départ et la situation souhaitée.

c. En se concentrant modestement sur un seul facteur stressant à la fois.

d. En renonçant, juste pour sentir au moins une fois ce que cela fait, à ressembler à ce héros magnifique, indomptable et fier, dont la mission serait de venir à bout, à lui tout seul, des difficultés dressées comme des épreuves initiatiques sur son chemin. Paradoxalement, ce renoncement à faire « tout tout seul » constitue une étape essentielle vers l'acquisition d'une plus grande autonomie psychique. En même temps, l'appel au soutien d'autrui permet très nettement d'alléger l'impact négatif de la situation stressante et, aussi, d'enrichir l'éventail des solutions à apporter au problème.

e. Les critères de succès doivent être réalistes et concrets. C'est pourquoi il faut essayer de renoncer, au moins juste une fois (pour voir ce que cela fait), à appliquer avec la rigidité habituelle quelques-uns de ces critères tyranniques de succès qui savent si généreusement alimenter le feu du stress. Bannissez pour une fois les « il faut que ce soit parfait » ou bien « il faut que tout le monde soit content » ou bien encore « il faut que tout cela soit réglé dans les plus brefs délais ».

f. En se laissant aller à imaginer les solutions les plus farfelues, les plus fantasques, car elles ouvrent l'espace des possibles, et parfois elles se révèlent pleines de bon sens. Plus l'éventail des solutions imaginées est large, et plus on aura de chances d'y découvrir celle qui convient le mieux. D'autre part, faire abondamment confiance à son imagination renforce l'appétit d'inventer et les compétences pour faire face aux problèmes à venir. Cela renforce aussi le plaisir de la confrontation.

g. Évaluer les solutions. Pour cela, on peut les classer en fonction de leurs avantages et de leurs inconvénients. Choisir celle qui apparaît la plus acceptable, la plus économe en énergie dépensée et la plus généreuse en effets positifs (voir p. 72 notre fiche *Le choix*).

h. Appliquer la solution choisie et évaluer son efficacité, en s'appliquant à bien différencier les qualités (et les faiblesses) de l'action menée et les qualités (et les faiblesses) de la personne.

• Questions et commentaires

- *La proposition de rendre moins rigides les critères habituels de succès d'une action est-elle réaliste ?*
  Oui et non.

Oui, c'est réaliste, si on ne cherche pas à les effacer complètement, mais qu'on se contente, par une réflexion longuement mûrie (ou parfois par le travail psychothérapeutique), de les assouplir, de les nuancer ou de les réaménager en fonction des contraintes rencontrées. La possibilité de réfléchir sur ses exigences de perfection, de les modifier en les rendant plus souples et donc plus humaines est un critère de maturité et d'accomplissement personnel.

Non, c'est tout à fait irréaliste, si on se donne un objectif rigide de détruire (comme avec un bazooka) ces critères d'action. Cela ne fait qu'alimenter une lutte stérile menée contre soi, lutte elle-même génératrice de stress. Ces critères, ces valeurs qui sont essentiels pour diriger sa vie, on ne peut et on ne doit surtout pas chercher à les détruire sous peine de détruire les fondements mêmes de la personne. Questionner ses critères d'exigence, comparer leur pertinence d'aujourd'hui avec celle d'hier, parfois les aménager, peut-être les assouplir, ne doit surtout pas signifier qu'il faut les effacer.

Ne perdons pas de vue que dans les cas de trop grande rigidité psychique (qui sert souvent de masque à une grande fragilité), ou de trop grande souffrance, il vaut mieux aborder avec beaucoup de précautions les pratiques de remise en question. Dans ces cas, seul un travail accompagné par un thérapeute peut déboucher sur un assouplissement souhaité du tyran intime. Et sur une éventuelle sédation des tensions les plus sévères.

Fréquence de l'exercice

Chaque fois qu'on sent qu'on est embarqué dans la dynamique d'une situation qui dépasse, ou qui semble dépasser, nos compétences à faire face.

Plus on s'entraîne de façon régulière à analyser, plus cela devient une gymnastique mentale aussi facile qu'indispensable. Cela peut même devenir une activité particulièrement jubilatoire.

• Fiche 20 : Que faire après un stress mal vécu ?

Résumé

Il est parfois plus facile et plus fertile de porter son attention sur une situation de stress une fois qu'elle est passée. Cette fiche propose une série (tout à fait incomplète) d'actions à mener juste après un événement stressant.

Objectifs

- récupérer après avoir vécu une situation stressante ;
- tirer les leçons d'une situation mal vécue ;
- augmenter sa capacité à analyser ;
- éviter de se laisser envahir par les remords.

Déroulement

Explorez les différentes propositions qui vous sont faites, auxquelles vous rajouterez vos propres propositions.

a. Au niveau physique

- Permettre un retour à l'état de repos, de détente, par l'utilisation d'activités paisibles comme : écouter de la musique, prendre un bon bain, faire un peu de jardinage (si on a la chance d'avoir un jardin), s'asseoir confortablement dans un bon fauteuil, marcher dans un endroit tranquille, faire une grande relaxation allongée.
- Ou au contraire dépenser l'énergie physique accumulée dans une activité intense, comme la course, le tennis, la marche rapide, la bicyclette, la salle de musculation, la piscine, etc.
- Ranger.

b. Au niveau psychique

- Prendre le temps nécessaire pour analyser la situation qui vient de se clore, et établir un bilan équitable des actions menées, ainsi que de la manière dont elles ont été menées.
- Repérer les auto-verbalisations dévalorisantes et, pourquoi pas, chercher à les adoucir ou les nuancer, voire à les supprimer. À ne surtout pas oublier : la culpabilisation, lorsqu'elle met en cause, en cas d'erreur, la valeur même de la personne, est un catalyseur puissant du stress.

- Assumer le plus tranquillement possible la responsabilité des erreurs d'appréciation que vous avez pu commettre. En considérer et en accepter les conséquences. Et chercher par quels moyens vous pourrez y remédier une prochaine fois.
- Repérer la présence d'éventuelles exigences irréalistes. Considérer, si possible sans malveillance, la distance inévitable entre vos limites bien humaines et les idéaux peut-être inhumains que vous poursuivez.

c. Au niveau relationnel

- Ne pas craindre de parler des situations de stress vécues et de vos sentiments négatifs avec des collègues en qui vous avez confiance, avec des amis, dans des groupes de parole, avec votre conjoint, pourquoi pas en psychothérapie.
- Ne pas reculer devant le plaisir déculpabilisant de rire ensemble de vos déconvenues, erreurs, failles. Surtout, ne pas craindre de relativiser.
- Accepter les conseils ou les idées nouvelles. Plus on accepte de solutions créatrices, plus on a de chances d'enrichir sa boîte à idées et plus on augmente sa souplesse mentale.

Quand faire cet exercice ?

Lorsque vous venez de traverser une situation éprouvante. Lorsque vous sentez que vous ne l'avez pas gérée aussi bien que vous l'auriez souhaité.

Pour aller plus loin

- faites régulièrement le point sur vos qualités et vos faiblesses les plus criantes ;
- n'hésitez pas à recourir à la formation pour acquérir les compétences que vous n'avez pas encore développées ;
- si la situation vous semble trop lourde à porter, n'hésitez pas à faire appel aux services d'un coach ou d'un psychothérapeute.

• Fiche 21 : Agir à long terme

Résumé

Cette fiche fait un rapide tour d'horizon de quelques moyens utiles pour améliorer sur le long terme les compétences générales de coping (capacités à faire face).

Objectifs

- mettre en œuvre l'adage : mieux vaut prévenir que guérir ;
- se donner des perspectives d'actions à long terme pour mieux gérer le stress.

Déroulement

Lire attentivement les propositions qui suivent.
Les adapter librement à ses propres objectifs et préférences.

a. Au niveau physique

- Prendre soin de son corps, de son état, de sa nourriture, de son sommeil. Tout ce qui augmente le bien-être quotidien est bénéfique.
- Se pomponner, se faire belle (beau) est bénéfique.
- Repérer régulièrement l'équilibre (ou le déséquilibre) du système sympathique/parasympathique.
- Ne pas laisser s'installer un état de tension permanente.
- Si le sympathique domine, alors s'entraîner régulièrement à la relaxation.

Les activités physiques régulières permettent d'augmenter l'endurance, le souffle et la souplesse, elles sont un moment privilégié que l'on s'accorde et augmentent l'estime de soi.

b. Au niveau psychique

Tout ce qui augmente la confiance en soi est bienvenu.

- Apprendre à assouplir ses exigences, à être moins tyrannique avec soi-même.
  Cela passe par un renoncement à être tout à fait parfait, à tout faire vite vite vite, ou bien à être toujours fort, ou bien encore à être aimé de tous et de toutes tout le temps, etc.
- Se féliciter chaque fois qu'on fait quelque chose de bon pour soi.
- Se former, apprendre, encore et toujours.

c. Au niveau relationnel

- Communiquer.
- Écouter.

- S'affirmer, dire « je », dire ce que l'on pense et ce que l'on sent.
- Se montrer tel que l'on est.
- Apprendre à enrichir les points de vue sur une même question.

d. Au niveau de la conduite de sa vie

- Réfléchir à ses objectifs de vie, à ce qui est essentiel.
- Organiser son temps en conséquence.
- Si les périodes de stress persistent et restent trop douloureuses, alors peut-être faut-il envisager de changer radicalement son mode de vie, changer d'orientation, passer au travail à temps partiel, accepter de se faire aider davantage par le conjoint.

• Commentaires

Ces propositions ne sont évidemment pas exhaustives. À vous d'inventer mieux.

Chapitre V

Le confort actif

Les deux chapitres 5 (théorique et pratique) sont un peu à part. Ils concernent un cas de stress particulier, mais exemplaire et malheureusement très répandu, celui du travail devant écran informatique (6).
Le travail prolongé devant écran est aujourd'hui un exemple banal de situation professionnelle demandant à l'organisme humain un grand effort d'adaptation, tant au niveau physique que psychique. Ces efforts présentent un certain nombre de spécificités. La contrainte exercée sur le corps humain lors du travail devant écran peut être appréhendée à partir de quatre niveaux d'observation. Ces niveaux sont distingués plus ou moins artificiellement, mais cette distinction présente le mérite, c'est du moins ce que nous espérons, de clarifier la compréhension des phénomènes.
Il s'agit tout d'abord de la contrainte imposée par la position assise. Il s'agit ensuite des efforts imposés aux fonctions visuelles par l'intense sollicitation oculaire. Ces deux points seront longuement traités ci-après. Puis on pourra, en troisième point, repérer l'influence de l'assise prolongée devant écran sur l'efficacité de la fonction respiratoire.
Enfin, le travail mental demandé mobilise fortement les capacités d'éveil et de concentration. Ce point fera l'objet de la dernière partie de ce chapitre.

I. Contrairement aux apparences, la position assise fatigue

Une contradiction

Alors qu'elle apparaît, aux yeux de tous, comme une posture de détente et de confort, la position assise prolongée est fatigante car c'est une position anti-naturelle. La position idéale pour le corps humain est soit la position debout soit la position couchée.

Dans le grand imagier collectif occidental, le « travailleur » est d'abord un homme debout, et c'est seulement ainsi qu'il peut signifier au monde son courage, sa

(6) Ce chapitre n'aurait pu être écrit s'il n'y avait eu, dans le cadre de l'Association des 3 Talents, une collaboration étroite de plusieurs années avec Marie Blary, kinésithérapeute et consultante en ergonomie posturale.

force et sa détermination. Les héros eux aussi sont debout. Debout les soldats qui partent au combat, debout les chirurgiens lorsqu'ils opèrent, debout les grands reporters parcourant la planète, les orateurs qui soulèvent l'enthousiasme des foules, debout les chevaliers de l'industrie. Rares sont les héros assis, si l'on excepte quelques pilotes prestigieux ou ces nouveaux héros de salon que sont les présentateurs de télévision. Des vertus essentielles comme la force, l'énergie, l'action ou le courage sont quasi automatiquement associées à la représentation d'un homme debout.
Et chacun peut vérifier l'automatisme de l'association, en feuilletant attentivement son propre cahier d'images héroïques, ou en interrogeant son entourage. Chacun peut aussi établir ses propres statistiques, locales, régionales ou nationales, à partir de la fréquence du nombre de statues qu'il rencontre représentant des héros debout (voire à cheval) et du nombre de statues de héros assis.

Et cependant, il faudra bien se rendre à l'évidence. Malgré la pusillanimité qu'on lui associe souvent, la posture assise prolongée est une épreuve qui fatigue. C'est pourquoi, pour comprendre un peu mieux cette apparente contradiction, nous devons considérer de façon un peu détaillée la structure de la colonne vertébrale.

Une architecture magnifique et fragile

a ▪ Une architecture magnifique...

La colonne vertébrale est cette « tige osseuse articulée qui soutient l'ensemble du squelette des vertébrés » (*Le Nouveau Petit Robert*). Elle est constituée d'un empilement de vertèbres. Chez l'*homo erectus*, elle est précisément formée de 24 vertèbres et présente trois courbures, l'une au niveau du creux lombaire (juste au-dessus des fesses), l'autre au niveau de la cyphose dorsale (ce qui pourrait ressembler à une légère bosse dans le haut du dos) et la troisième au niveau du cou. Le tout ressemble à un *S* majuscule très allongé, dont les courbures sont plus ou moins prononcées selon les sujets.
La colonne constitue une sorte de mât qui permet (entre autres) un maintien stable de l'ensemble du corps en position érigée. Comme les mâts, la colonne vertébrale a besoin d'être solidement arrimée. Pour cela, elle est soutenue par un entrelacs de muscles très puissants, à action lente, c'est-à-dire capables de maintenir, sur une longue durée, leur effort vers la verticalité, tandis que les vertèbres sont reliées entre elles par des ligaments parfaitement ajustés, dont la longueur et l'élasticité correspondent, avec une exactitude digne des calculs d'un ingénieur des plus rigoureux, aux courbures naturelles de la colonne.
Les vertèbres sont séparées les unes des autres par des disques, sortes de

coussinets de protection faits d'une matière gélatineuse capable de résister à des pressions phénoménales (voir p. 178 fiche 22).

b ▪... peu adaptée à la posture assise

La position assise a pour effet d'effacer les courbures naturelles de la colonne. Pour s'en rendre bien compte, il suffit au lecteur (s'il est assis) de se lever, de placer sa main droite dans la région lombaire, de sentir le dessin de la cambrure, puis de se rasseoir et de sentir le nouveau dessin de celle-ci. Que donne cette comparaison tactile ? Dans la plupart des cas, il est constaté une grande différence. En position assise, la courbure lombaire est redessinée, quasi redressée, elle est même parfois complètement inversée.

La bonne posture assise, s'il en faut une, est donc celle où les courbures, même atténuées, sont encore respectées. C'est la posture où le sujet est assis sur ses ischions (ce sont ces os que l'on peut sentir sous les fesses), celle où les fesses sont placées en arrière sur le siège, le dos maintenu droit sans raideur, le poids de la tête bien à la verticale de la colonne.
Toutefois, même lorsque les habitudes posturales sont bonnes, il apparaît difficile de maintenir, à la longue, une posture juste. Petit à petit, la tête, la nuque et les épaules ont tendance à se projeter vers l'avant. Parfois, on peut même constater un affaissement complet de la colonne qui dessine alors un grand arc de cercle, sorte de parenthèse solitaire, métaphore plus ou moins consciente de la fermeture et de la fatigue.
Un regard attentif dans les bureaux, notamment en fin de journée, permettra de faire régulièrement, sur autrui, le constat de la multiplication contagieuse de ces grands dos ronds.
Une attention, même rapide, portée aux informations que fournit à chacun sa propre sensibilité corporelle donnera aussi l'occasion d'en faire l'observation régulière sur soi. Le constat a toutes les chances d'être le suivant : après une période assise assidue, le dos présente une fâcheuse tendance à s'affaisser.

IMPORTANCE DE LA DURÉE DE LA POSTURE

a ▪ Les effets de la durée

Dans cette position assise, que nos amis les animaux ne connaissent pas, le corps humain a du mal à supporter l'immobilité prolongée. C'est d'ailleurs un constat que partagent de nombreux utilisateurs d'écran. Ils décrivent ainsi leur activité physique : « Quand j'en ai assez de rester les fesses collées sur mon siège, je me lève, je bouge, j'en ai besoin », « Je ne peux pas rester assis trop longtemps, il faut que je bouge ». Toutefois, ce besoin physiologique de bouger n'est pas toujours respecté comme il le devrait. Il doit parfois se frayer

un chemin difficile pour parvenir à la conscience vigile du sujet. Chez certains, dédaigneux des humbles demandes de la machinerie humaine, le besoin se heurte à des répressions très vives. À l'inverse, chez les sujets qui accueillent avec bienveillance les messages corporels qu'ils reçoivent, ceux-ci parviennent plus facilement à la conscience. Ces différents niveaux de sensibilité et de bienveillance se retrouvent dans le soin (ou l'absence de soin) apporté à la manière d'aménager l'espace de travail.
Ainsi, lorsqu'il est demandé à ces sujets munis d'une bonne conscience corporelle pourquoi ils ont mis leur imprimante à l'autre bout de leur bureau, voire dans le couloir, ils répondent avec beaucoup de naturel que, pour eux, « c'est très pratique, car ça leur donne l'occasion de se lever et de marcher ».

b ▪ Les effets sur les ligaments

Quand la posture assise dure trop, ce trop étant à redéfinir cas par cas, dos par dos, la colonne vertébrale perd pendant trop longtemps sa forme souple de S très allongé. Le merveilleux ajustement « au millimètre » des ligaments montre alors ses limites et se transforme en un sérieux handicap.
À la longue, leur agencement un peu trop rigoureux finit par opposer une résistance vigoureuse au maintien d'une position qui n'était pas prévue dans leur programme. Plus le temps passe, plus cette résistance se transforme en inconfort (qui sera plus ou moins perçu). Plus le temps passe, plus cet inconfort risque de se transformer en véritable souffrance.
L'effacement prolongé des courbures finit par provoquer un étirement douloureux des ligaments.

c ▪ Les effets sur les disques

Les disques intervertébraux, lorsqu'ils sont soumis à trop de pression, pendant trop longtemps, peuvent eux aussi souffrir, mais comme ils ne sont pas innervés, ils n'ont pas à leur disposition le signal de la douleur comme système efficace d'alerte. C'est ainsi que les disques intervertébraux s'abîment sans que le sujet en soit directement informé. À l'extrême, il faut attendre l'apparition de pathologies graves telles les redoutables et douloureuses hernies discales pour se rendre compte de l'étendue des dégâts.

Les méfaits de la torsion

Aux effets de la pression s'ajoutent les méfaits des torsions vertébrales, que Marie Blary appelle de « véritables coups de cisailles pour les disques ».
Qu'est-ce qu'une torsion ? Notre inépuisable *Petit Robert* nous apprend qu'il s'agit de « la déformation que l'on fait subir à un solide en imprimant à une de ses parties

un mouvement de rotation transversal » (les autres parties restant fixes ou étant soumises à un mouvement de sens contraire). Torsion peut être employé comme l'équivalent de « contraction, crispation ». L'expression « se tordre la cheville » confirme la connotation douloureuse du mot, très présente. Cette idée de douleur associée à la torsion n'est d'ailleurs pas récente dans la langue française, puisqu'elle était déjà présente au début du quatorzième siècle, où l'on trouve le mot *torcion*, avec un *c*, dans le sens bien évocateur de « coliques ».

Quoique les connotations nettement négatives du mot évoquées ci-dessus dussent nous alerter, notre pratique quotidienne de la posture assise reste fertile en torsions. Car elles sont nombreuses les occasions de faire subir cette torture à la colonne vertébrale.
Lorsqu'un sujet doit effectuer une tâche quelconque, qu'il soit debout ou assis, il va se positionner naturellement face à celle-ci, le plan de la tâche parallèle au plan du visage et des épaules. Si la tâche se présente de biais, le sujet debout n'a qu'à pivoter librement sur ses talons, ce qu'il fait sans même y penser, pour se repositionner confortablement. À l'inverse, le sujet assis, dont le bassin est immobilisé au fond du siège, ne peut faire pivoter que le haut de son corps, provoquant ainsi une magnifique torsion de la tige vertébrale (voir *La gymnastique attrape-dossier*, fiche 23, p. 180).

L'écran

a ▪ Le tortionnaire indifférent

Pour son utilisateur, l'écran peut s'avérer, par un choix inadéquat de son positionnement, un tortionnaire particulièrement habile quoique totalement dénué de malveillance. C'est particulièrement le cas lorsqu'il n'est pas placé en face, bien en face. C'est encore plus particulièrement le cas lorsqu'il est non seulement placé sur le côté par rapport à l'utilisateur, mais encore posé trop haut, bien au-dessus de l'horizontale du regard. Il peut alors se révéler tout aussi efficace à faire souffrir que la plus débridée des gymnastiques attrape-dossier. En effet, pour permettre une lecture aisée des informations présentées à l'écran, ce placement, trop haut et trop de biais, exige une torsion latérale constante des vertèbres cervicales, doublée d'une quasi-cassure de la nuque vers l'arrière.

Le lecteur naïf pensera peut-être que cette torture organisée ne concerne que quelques rares adorateurs de la souffrance au travail. Qu'il se détrompe. Une enquête, que nous avons menée dans un organisme international de haute technologie, a montré que sur l'ensemble des bureaux visités (plus d'une centaine), un quart des écrans étaient placés nettement sur le côté par rapport à l'utilisateur, et une bonne moitié bien au-dessus de l'horizontale de son regard. S'agissant de conduite automobile, chacun trouverait vraiment des plus étranges un véhicule dont le volant serait placé de biais par rapport au conducteur et dont le siège serait trop bas par rapport à l'exigence de surveillance de la route. Mais, s'agissant du poste informatique, cette bizarrerie ergonomique passe totalement inaperçue.

Plus exactement, le corps de l'utilisateur, par sa nature, perçoit l'inconfort de la situation, mais vraisemblablement un barrage doit se faire au niveau des messages plus ou moins urgents qu'il transmet, et qui sont délibérément maintenus bien à l'écart du champ de l'attention. Ce barrage, efficace à court terme, permet peut-être une concentration utile sur la tâche à accomplir. Mais qu'en est-il à plus long terme? Est-il possible de maintenir durablement la qualité et l'efficacité d'une concentration qui se ferait sans tenir aucun compte (voire à l'encontre) des besoins corporels de base?

Au sein d'un trop grand nombre de services généraux, il arrive trop souvent qu'on retrouve un barrage semblable concernant la crédibilité de la fatigue devant écran. Si la plupart de ces services conçoivent aisément la fatigue due au travail de production en atelier, le scepticisme, voire le dédain sont de rigueur pour ce qui concerne la production assise. C'est ainsi que, bien souvent, le travail sur écran ne semble pas mériter une véritable réflexion ergonomique sur l'aménagement des postes.

Nous avons souvent rencontré des managers dédaigneux des plaintes de leur assistante, assignée à un travail de longue durée devant l'écran. Nous avons aussi constaté que, dès que ces managers quittent le statut de consommateur épisodique pour celui plus contraignant d'utilisateur assidu de la belle machine bleue, ils se rendent alors personnellement compte de la légitimité de ces plaintes. Penauds, mais enfin compatissants, ils peuvent alors soutenir plus fermement la mise en place des améliorations nécessaires.

b ▪ Le point tombe du i

Lorsque le dos dessine son grand arc de cercle, la tête n'est plus posée en équilibre stable au-dessus de l'empilement bien érigé des vertèbres. Elle ne peut donc maintenir son centre de gravité bien à l'intérieur du polygone de sustentation du corps. Tout son poids se retrouve décalé, projeté vers l'avant, comme aspiré vers la lumière bleue de la petite fenêtre informatique.

Qui imagine alors l'intensité de l'activité fournie par la musculature du cou lorsqu'elle s'échine, quoi qu'il en coûte, à maintenir au-dessus des épaules cette grosse boule instable?

Et comment pourrait-on éviter les maux de nuque et du haut du dos, lorsque, à cette posture malvenue, se surajoute un mouvement de perpétuelle rotation du regard et de la tête entre les écrits de l'écran et les écrits de papier éparpillés sur le bureau ?

Ainsi, le travail prolongé devant écran peut, à travers les contraintes posturales — le plus ou moins bon agencement du bureau et les caractéristiques de l'utilisateur —, s'accompagner de la souffrance des ligaments, de la souffrance (silencieuse) des disques intervertébraux et de souffrances musculaires (plus bruyantes).

Autres méfaits

D'autres méfaits, mais nous sommes loin d'être exhaustifs, d'une posture assise inconfortable et/ou prolongée doivent être évoqués. Il s'agit par exemple des difficultés de circulation du sang dans les membres inférieurs, notamment la difficulté qu'a le sang veineux de retourner vers le cœur, augmentées par une mauvaise assise et l'immobilité prolongée des membres inférieurs. Dans leur ouvrage *L'Écran sans le stress*, M. Blary et S. Rosenberg signalent que « l'immobilité, l'appui prolongé sur le siège et la compression de la racine des cuisses (en particulier si l'on croise les jambes) entraînent une gêne vasculaire des membres inférieurs ». À ces causes de stagnation du sang veineux, il convient de rajouter l'absence d'appui des pieds, dont on dit que, par les pressions répétées qu'ils exercent sur le sol, ils servent de pompe cardiaque d'appoint. D'où l'intérêt de pratiquer assidûment la marche pour améliorer la circulation sanguine. D'où aussi le regret que les infatigables rêveurs de l'innovation technologique n'aient pas encore mis au point le « baladeur informatique » qui peut-être nous libérerait de la dictature de la posture assise obligatoire.

Citons aussi pour mémoire, parmi les méfaits d'une pratique excessive de la posture assise, les ralentissements du travail intestinal dont les adeptes de la sédentarité connaissent trop bien la triste litanie, faite de ballonnements disgracieux, de lourdeurs postprandiales peu propices à l'éveil intellectuel, et de constipations aussi souvent pénibles qu'opiniâtres.

II • La sollicitation oculaire intense

Le travail oculaire est particulièrement intense devant écran, qu'il s'agisse du travail strictement sensoriel de perception des signes ou du travail musculaire de mobilisation du regard en fonction de l'orientation, du mouvement et de la distance de l'objet regardé.

INTENSITÉ SURPRENANTE DU TRAVAIL MUSCULAIRE

a ▪ Travail du cristallin

L'accommodation correspond à la capacité de l'œil à y voir clair quelle que soit la distance. Plus techniquement, elle correspond à l'aptitude de l'œil à modifier automatiquement la distance focale du cristallin, en fonction de la distance de l'objet regardé, afin d'assurer une meilleure vision car, pour être bien nette, l'image de l'objet regardé doit venir se former exactement sur la rétine. Cette mise au point très précise est réalisée grâce à l'action d'un muscle interne appelé le muscle ciliaire.

- Lorsque l'objet regardé est éloigné, le cristallin se retrouve comme aplati, le muscle ciliaire est relâché.
- Plus l'objet regardé est proche, plus le cristallin doit prendre la forme d'une lentille bombée, et plus le muscle ciliaire est contracté.

C'est pourquoi le déchiffrage de textes ou de tableaux sur écran, à distance assez rapprochée de l'œil, nécessite un gros effort des muscles ciliaires qui sont contraints à maintenir quasiment sans relâche leur contraction afin d'adapter la courbure du cristallin aux exigences de la tâche visuelle.

b ▪ Réglage du diamètre de l'iris

La mydriase est la capacité de dilatation de la pupille, en fonction de la quantité de lumière qui doit pénétrer dans l'œil jusqu'à la rétine. La myosis est le mouvement inverse de contraction de la pupille qui diminue le flux de lumière comme par exemple lorsqu'on sort de l'ombre et qu'on se retrouve en plein soleil. Cette capacité de réglage de l'iris fait naturellement penser au fonctionnement du diaphragme d'un appareil photographique chargé de réguler la lumière pénétrant à l'intérieur de la chambre noire.

Tout comme l'effort que demande le maintien de la courbure du cristallin nécessaire à la lecture continue de près, le réglage du diamètre de l'iris suppose une intense activité des petits muscles internes de l'œil pour adapter la vision à la luminosité de l'écran.

c ▪ Travail des muscles directeurs de l'œil

La musculature péri-orbitale (autour de l'œil) est, elle aussi, fortement sollicitée par le travail sur écran.
Nos yeux sont pourvus de six muscles externes dont l'activité permet d'orienter, de façon coordonnée, les globes oculaires.
La convergence permet de diriger les axes visuels de façon à recevoir directement sur cette partie de la rétine appelée *fovea* l'image de l'objet regardé. Elle est nécessaire à la vision binoculaire.
La lecture exige une vision détaillée et le déplacement des yeux le long du texte n'est pas linéaire. Il se fait par des petits bonds successifs, que l'on appelle des saccades, et qui peuvent faire penser à la progression d'un écureuil le long d'une branche d'arbre.
Ces muscles sont donc, eux aussi, fortement sensibles à un travail prolongé et ininterrompu devant écran.

d ▪ Nécessité de l'alternance

C'est pourquoi un mode de travail reposant sur une alternance souple des activités visuelles éviterait au sujet de se heurter trop rudement aux limites physiologiques de son système optique. Ce n'est malheureusement pas le cas lors du travail ininterrompu devant écran. La vision de près, l'adaptation à la luminance, les saccades et le mouvement de convergence nécessitent une activité musculaire d'une intensité équivalente au travail musculaire qui serait déployé lors d'épreuves sportives par des athlètes de très haut niveau. Lorsque les yeux sont soumis à ce genre d'épreuve, la moindre faiblesse, correction pas tout à fait adaptée, hétérophorie (trouble de la vision binoculaire), fatigue générale, prendra alors des proportions particulièrement gênantes.

LES PLAINTES

Lors de nos études de terrain, nous avons pu constater de nombreuses plaintes concernant la sphère visuelle, vision floue, ou vision trouble en fin de journée de travail, yeux qui piquent ou qui brûlent, sensation de lourdeur des globes oculaires, rougeurs de la cornée, dessèchement des apports lacrymaux, voire parfois baisse de l'acuité visuelle. Ces plaintes subjectives sont corroborées par des mesures objectives de la fatigue visuelle, à travers la mesure des fluctuations du *punctum proximum* (il s'agit de la distance minimale à laquelle un objet peut être vu nettement). En cas de fatigue, le *punctum proximum* s'éloigne. Cela se traduit par une sensation inquiétante de vision floue, voire trouble.
Trop sollicité par une fixation prolongée de l'œil sur une tache visuelle rapprochée, le muscle ciliaire est comme tétanisé, spasmé, par l'effort continu qu'il a fourni.

Il ne peut donc plus assurer son rôle accommodateur habituel, ce qui entraîne les phénomènes de vision floue. Une de nos amies orthoptiste nous a signalé qu'elle a constaté dans sa clientèle une augmentation spectaculaire des consultations pour des troubles de la vision, jusque-là heureusement passagers, dus à des spasmes du muscle ciliaire.

Une étude américaine rapporte que pendant le travail sur écran, l'utilisateur cligne deux fois moins souvent des paupières. Si l'on veut bien se rappeler que ce mouvement répété a entre autres vertus celle de faciliter la bonne répartition du film des larmes sur l'ensemble de la cornée, alors, la diminution du nombre de clignements à la minute pourrait bien être à l'origine de la sensation pénible d'avoir les yeux secs après de longues heures de travail sur écran. Aucune hypothèse n'a encore été avancée, à notre connaissance, pour expliquer la diminution du nombre de clignements d'yeux pendant le travail devant écran. Toutefois, il serait tentant d'y voir l'effet d'une sorte de fascination hypnotique pour le grand œil bleu du maître du logis. C'est, en effet, un œil parfaitement immobile et qui ne cille jamais, même si parfois il clignote. D'où, peut-être, une sorte d'effet de réciprocité dans la diminution du nombre de clignements humains, qui pourrait faire penser à ces situations de défis œil à œil, où le gagnant est celui qui ne cille pas, tandis que le perdant est le premier qui baisse le regard.

Ceci nous amène à penser à ces quelques étonnants utilisateurs d'écran rencontrés lors de nos enquêtes, peu nombreux certes, mais apparemment assez méfiants, qui ont, de façon délibérée, choisi d'installer leur ordinateur derrière eux, précisant ainsi leur pensée : « Je préfère ne pas le voir », « J'aime mieux qu'il soit loin de moi », « Je ne veux pas l'avoir tout le temps devant mes yeux ». Sans doute est-ce leur manière à eux de limiter ainsi, matériellement, le risque d'être soumis au pouvoir de fascination de la chose...

LA CONCURRENCE DES LUMIÈRES

Une position inadéquate de l'écran par rapport aux sources de lumière naturelle est une situation très souvent constatée dans les bureaux. C'est une cause importante de fatigue visuelle supplémentaire. Parfois, lorsque l'ordinateur est placé plus ou moins directement face à la fenêtre, le soleil, quand il y en a, ne rencontre aucun obstacle pour promener ses reflets dans l'écran. La confrontation entre les deux sources lumineuses reste pour l'instant inégale, et c'est encore la belle lumière du jour qui gagne la partie et réussit à brouiller, voire à empêcher complètement la lisibilité de l'écran. Mais cette victoire du naturel sur le virtuel est payée au prix fort par la fatigue accrue des yeux de l'utilisateur.

Parfois, l'écran est disposé dos à la fenêtre, et c'est le fond de l'œil de l'utilisateur qui reçoit directement la lumière du jour. Dans ce cas, le diaphragme est comme soumis à des injonctions absolument contradictoires : il doit, d'une part, réduire le diamètre pupillaire afin de diminuer l'entrée du flot abondant des rayonnements solaires et, dans le même temps, il doit ouvrir largement l'accès de sa rétine aux messages de l'écran. Toutes proportions gardées, tout se passe alors pour l'œil comme si l'on conduisait une automobile en utilisant dans le même temps le frein et l'accélérateur.

En ce qui concerne l'éclairage artificiel, on constate assez souvent que les lumières ambiantes, surtout lorsqu'il s'agit d'un éclairage zénithal particulièrement puissant, se reflètent dans l'écran, créant des sources d'éblouissement dommageables à la bonne lisibilité. Ces sources de reflets sont d'autant plus efficaces que très souvent le système d'éclairage tient peu compte de la spécificité du travail sur écran. Très souvent aussi, l'écran est légèrement orienté vers le plafond, ce qui augmente ainsi l'effet, désastreux pour les yeux de l'utilisateur, de cette moisson surabondante de lumière.

III • La restriction respiratoire

FOURNIR L'OXYGÈNE

La respiration a pour fonction d'absorber l'oxygène nécessaire à la survie de tout organisme vivant et de rejeter les déchets dans l'atmosphère sous forme de gaz carbonique et de vapeur d'eau. Ces échanges gazeux se font au niveau des alvéoles pulmonaires. L'échange « gaz carbonique contenu dans le sang veineux contre oxygène apporté par l'air » se fait à travers les plis et replis d'un tissu épithélial très fin qui tapisse l'intérieur des alvéoles pulmonaires, et qui, s'il était déployé, couvrirait une surface étonnamment grande. Lors des échanges gazeux, l'hémoglobine contenue dans le sang est transformée en oxyhémoglobine. C'est grâce à cette transformation que le sang retrouve sa belle couleur vivifiante rouge vermeil.

Le réflexe respiratoire est lié à l'action de chimio-récepteurs spécialisés dans la mesure du taux de gaz carbonique dans le sang. Lorsque ce taux dépasse un certain seuil, le mouvement des muscles inspirateurs est déclenché automatiquement. On respire sans avoir à y penser. Il s'agit d'un mécanisme vital dont l'automatisme est précieux pour la tranquillité mentale des humains.

Le *Dictionnaire historique de la langue française Robert* souligne tout d'abord le sens rigoureusement physiologique du mot respirer, qui s'est élargi, grâce à son emploi dans la botanique en 1768, à l'ensemble du vivant, homme, animal et plantes.
À ce premier usage, très concret, du mot respirer, il convient d'adjoindre le sens, directement venu du latin *respirare*, c'est-à-dire de « reprendre haleine », « se donner du répit », « avoir un délai », « un moment de calme ». La valeur de scansion temporelle de l'acte de respirer, sa puissance rythmique, se marquent tout particulièrement en musique, où cela traduit tout simplement la nécessité d'« observer certaines mesures pour respirer en chantant ».

Notre approche de la respiration en milieu de travail consistera à observer le bon ou le moins bon fonctionnement de la machine à pomper l'oxygène de l'air et à fournir au corps humain le carburant nécessaire à son fonctionnement. C'est ce que nous ferons dans les paragraphes suivants. Quant à la nécessité soulignée ici de suivre son rythme, de reprendre son souffle, de se donner un répit, le lecteur toujours attentif aura déjà compris que l'alternance entre expiration et inspiration évoque le passage nécessaire entre temps d'effort et temps de récupération. C'est cette logique d'alternance qui est principalement à l'œuvre dans les propositions de micro-pauses que nous faisons dans les chapitres pratiques.

Qualité des échanges

On compte en moyenne de 14 à 18 mouvements respiratoires complets en une minute. La qualité des échanges gazeux se mesure à partir du quotient respiratoire, c'est-à-dire du rapport entre la quantité d'oxygène inhalé et le volume de gaz carbonique expiré.
Pour ceux, et ils sont sans doute nombreux, qui ne disposent pas d'un appareil professionnel leur permettant d'apprécier objectivement la mesure de ce quotient, il existe un certain nombre de critères qui donnent à l'observateur amateur des moyens très simples de repérer la qualité de sa respiration. Il s'agit de quelques repères que l'on peut facilement apprendre à observer sur soi. Ce sont le rythme de la respiration, son placement, son amplitude, la durée comparée de l'inspire et de l'expire, ainsi que la présence ou non de pause inspiratoire (pour plus de détails, se reporter p. 183 à la fiche 24).
Ces repères fournissent des informations précieuses sur la qualité du fonctionnement respiratoire.
Une longue station devant l'écran génère une forte perturbation du jeu respiratoire.

La position assise prolongée a pour effet de diminuer l'amplitude de la respiration. Cet effet est encore plus marqué s'il y a affaissement de la colonne : l'abdomen se comprime, réduisant encore davantage les possibilités d'ouverture de la cage thoracique. Le libre mouvement du diaphragme est raccourci, la respiration abdominale peu à peu disparaît et laisse la place à une respiration de plus en plus haute.
L'apport d'oxygène étant ainsi diminué par réduction des volumes d'air inspiré, le rythme s'accélère sous la commande impérieuse des chimio-récepteurs qui réagissent aux variations du taux de gaz carbonique dans le sang. Le temps d'expiration se réduit alors afin de permettre au plus vite la venue d'une nouvelle bouffée d'oxygène, qui sera encore insuffisante. La réduction de l'expire ne permet pas un renouvellement suffisant du volume d'air global des poumons. Les pauses inspiratoires disparaissent.

RESPIRER POUR MIEUX PENSER

Beaucoup de lecteurs savent déjà que l'oxygène est le carburant principal du fonctionnement musculaire. Moins nombreux, peut-être, sont ceux qui savent à quel point le cerveau en est, lui aussi, un avide consommateur.
L'apport sanguin aux différents organes du corps varie en fonction de leur consommation énergétique. Le cerveau, ce grand gourmand, reçoit 20 % du sang propulsé par le cœur. Plus les neurones sont actifs, plus l'apport sanguin est important afin de répondre à une demande accrue de consommation. C'est ainsi que l'augmentation repérable de l'afflux sanguin dans différentes zones du cerveau peut servir de témoin de l'activation neuronale. L'observation expérimentale minutieuse du phénomène offre de grandes possibilités pour l'exploration et la compréhension du fonctionnement cérébral.

Contrairement aux muscles, le cerveau, lui, ne peut ni stocker le glucose, ni extraire l'énergie nécessaire à son fonctionnement sans un apport constant d'oxygène. En conséquence, toute réduction des apports en oxygène ne peut que déboucher sur un affaiblissement des capacités de fonctionnement de la belle machinerie humaine, fatigue physique, lassitude, sensation d'étouffement aussi bien que fatigue intellectuelle, lenteur, confusion de la pensée, perte de la capacité de récupérer des informations en mémoire et de se concentrer.

AUTRES MÉFAITS D'UNE RESPIRATION CONTRAINTE

Comme on peut le craindre, les effets d'une respiration diminuée ne s'arrêtent pas seulement aux problèmes de bonne et régulière distribution de l'oxygène. Sur-sollicités, les muscles de la nuque et des épaules connaissent des tensions anormales. De même, étant donné que « le diaphragme s'attache sur les vertèbres lombaires, un mauvais jeu respiratoire a souvent une incidence sur la mobilité de ces vertèbres ». Ainsi, M. Blary et S. Rosenberg ont-elles pu constater que certains lumbagos pouvaient être soulagés par un simple travail respiratoire sur le diaphragme.

Par ailleurs, le mouvement ample du diaphragme provoque un massage régulier et profond des viscères qui a un effet tout à fait bénéfique sur le bon fonctionnement du transit intestinal.
Nous avions déjà montré que la mobilisation du système sympathique en situation de stress réduisait la mobilité viscérale. La diminution de l'amplitude respiratoire vient redoubler cet effet ralentisseur du transit.

IV • Du bon usage de la « machine à penser »

Vigilance, concentration et charge mentale

a ▪ Définitions

Concrètement, le mot concentration désigne le rassemblement en un seul point d'éléments dispersés. Le sens abstrait du mot, donné par le *Nouveau Petit Robert*, reste très proche du sens concret : « Application de tout l'effort intellectuel sur un seul objet. » Cette force psychique rassembleuse a pour équivalents sémantiques des mots tels que « attention, application, recueillement, réflexion et tension », au travers desquels se dessine nettement le profil du bon élève, tandis que ses contraires donnent l'idée de « diffusion, dispersion, dissolution, éparpillement, détente, distraction ».
La capacité de concentration est une qualité abondamment révérée, le bon élève a toujours été un élève attentif, tandis qu'au mauvais ont toujours été reprochés sa distraction, son inattention, son éparpillement, voire sa dissipation.

Plus utilisée dans l'univers du travail que dans l'univers scolaire, la notion de charge mentale est intéressante, car elle pose d'emblée l'existence de limites mises au fonctionnement psychique humain. Ces limites sont considérées comme étant équivalentes aux limites physiologiques, qui sont peut-être plus facilement perceptibles, et de fait plus facilement reconnues. La charge mentale est une notion issue des théories de l'information, qui ont inspiré aux psychologues cognitivistes une représentation assez austère du sujet humain, qui fonctionnerait comme une sorte de canal de réception, de transformation et de transmission des informations. Même s'il s'agit d'une représentation un peu froide qui s'embarrasse assez peu des dimensions délicieusement affectives du sujet humain, l'image du canal d'information nous est très utile dans notre réflexion sur le stress, car elle évoque à la fois l'idée dynamique d'un flux orienté d'informations qui circulent et celle de limites matérielles imposées à ce flux. Dans ce modèle théorique visant à définir les limites des capacités de traitement, la charge mentale représenterait la part de cette capacité qui est dévolue à la tâche et qui est nécessaire au bon accomplissement de celle-ci.

On peut concevoir qu'il est difficile d'évaluer directement le volume ou le poids de la charge mentale. Et même si chaque être humain est capable d'évaluer pour lui-même la charge ou la surcharge mentale qu'il ressent en face d'une tâche à accomplir, des critères objectifs précis, indiscutables et sans ambiguïté permettant d'établir un savoir fiable manquent cruellement. C'est pourquoi les chercheurs psychologues ont imaginé un dispositif astucieux pour objectiver la mesure de l'amplitude de la charge mentale. Ce dispositif consiste à utiliser la technique dite « de la tâche ajoutée », qui s'intéresse aux capacités attentionnelles résiduelles, c'est-à-dire non mobilisées pour la tâche principale. Les sujets de l'expérience, mobilisés sur une tâche principale, sont en même temps invités à accomplir des tâches toutes simples, répétitives mais nécessitant un certain contrôle attentionnel comme, par exemple, faire des additions simples, discriminer deux signaux, frapper en cadence, etc. Ainsi, par un effet de soustraction, la performance dans cette tâche supplémentaire constitue un indicateur fiable (inversement proportionnel) de la charge mentale requise pour le bon accomplissement de l'activité principale.

b ▪ Charge mentale et/ou efficacité

La notion de charge mentale rejoint celle d'efficacité. En lien étroit avec le phénomène d'activation cérébrale (qu'on verra dans le paragraphe suivant), l'efficacité croît en même temps que croît la charge mentale. La banalité du constat est conforme à notre expérience de chaque jour, un zeste d'attention s'est toujours révélé utile pour « booster » notre efficacité. Toutefois, au-delà d'un certain seuil d'activation, le dessin de la courbe s'inverse complètement et l'efficacité se met soudain à décroître. En effet, si les exigences de la tâche sont trop importantes, il y a surcharge, on dit alors que le canal de traitement de l'information est saturé. Tout comme dans le cas bien connu de saturation du réseau routier, les effets de la saturation du canal mental sont alors rapidement perceptibles et clairement quantifiables. Les conséquences matérielles en sont une nette augmentation du nombre des erreurs commises, une augmentation du temps de réaction ainsi qu'une augmentation tout aussi nette du nombre des oublis, tandis que diminue le volume global des données traitées.
Au total, c'est toute la productivité qui se montre sensible aux dépassements systématiques des capacités humaines de charge mentale.

Quant aux effets qualitatifs d'un usage systématique de la surcharge mentale, ils sont plus complexes à repérer et à mesurer, en termes de qualité de la production comme en termes de qualité du vécu professionnel des sujets produisants.

c ▪ La pression organisée

Beaucoup d'utilisateurs d'écran ont beaucoup de mal à s'autoriser une trêve lorsque survient une période de surcharge mentale. Ils expliquent que ce n'est pas utile de s'arrêter en prenant pour exemple les « créatifs » qui se déclarent plus productifs lorsqu'ils sont soumis à un stress puissant, comme s'ils étaient en quelque sorte électrisés par l'implacable autorité d'une « dead line ».
Ils sont peut-être un cas à part qu'il faudrait regarder de très près. Et nous ne disposons malheureusement pas d'informations nous permettant de soutenir que la qualité de leur production est meilleure sous stress que sans stress. Nous pouvons seulement émettre l'hypothèse d'un fonctionnement psychique qui serait plus léthargique et qui nécessiterait un véritable « bombardement d'adrénaline » pour s'éveiller tout à fait et se mettre à produire. Nous pouvons aussi remarquer que le fonctionnement « à la charrette » (avec cette malheureuse proximité de sens avec la trop fameuse charrette des condamnés) correspond à des exigences de productivité régulièrement irrégulières. On est « charrette » une semaine, un mois, trois mois peut-être, mais rarement trois cent soixante jours par an. Après l'exaltation des périodes d'urgence, le bouclage d'un projet ou la fourniture d'un prototype réclament, sans délai, la venue d'un inévitable repos, d'une détente salutaire. La tâche étant clairement terminée, l'organisme aspire à se laisser aller. C'est alors que l'organisation du travail doit se montrer capable de s'adapter à ces brutales variations de rythme.

d ▪ Le travail mental rechigne à reconnaître ses limites

Ce système de travail basé sur l'excès de pression est semblable aux montagnes russes. Son utilisation systématique supposerait une organisation du travail très souple et confiante, qui accepterait d'emblée l'alternance de période d'hyperactivité, sur un mode quasi maniaque, avec des périodes de ralentissement quasi dépressif de la productivité, voire sa suspension.
Malheureusement, cette organisation du travail particulièrement flexible semble bien peu compatible avec les contraintes habituelles d'une productivité régulière. Bien pire, elle contrarie fondamentalement les habitudes managériales les plus ancrées, qui s'appuient davantage sur le principe du soupçon que sur celui de la confiance, et pensent qu'un contrôle serré de l'assiduité suffit à garantir la qualité de la production finale.

Il apparaît que la réflexion sur les effets (ou les méfaits) des phases de surcharge mentale demeure un sujet qui semble tabou. Peut-être s'agit-il d'un recul horrifié devant ce qui pourrait apparaître comme une volonté d'emprise tayloriste sur l'esprit. Peut-être aussi s'agit-il du refus d'appliquer aux honorables productions de l'esprit les mêmes exigences qu'aux modestes productions du travail physique. On ne mélangerait pas les torchons avec les serviettes. Nous avons le sentiment qu'un silence prudent sur ces questions s'impose à chacun, employés, cadres, dirigeants, représentants syndicaux ou organismes de sécurité sociale. Cette pudeur, finalement, conviendrait aussi bien au niveau de la collectivité qu'au niveau de chacun.

Nul, en effet, n'a envie de mettre en exergue ses erreurs, ses oublis, ses pertes manifestes de temps, ses moments de confusion. S'en rendre compte, dans un délicat débat entre soi et soi, est déjà un processus désagréable. En faire délibérément part à autrui n'entre pas dans les comportements humains généralement observables dans l'espace de l'entreprise, qui fonctionnerait plutôt en vertu du vieux précepte enfantin « pas vu, pas pris ». Nul ne souhaite faire de ses faiblesses ou de ses erreurs un argument valable de discussion. D'ailleurs, on entend ou l'on voit peu les dirigeants donner l'exemple sur ce point. Et l'on imagine assez mal un militant actif du management par le stress se préoccuper sérieusement des méfaits à long terme sur la productivité de sa politique systématique de surpression...

Bases biologiques

Ce sont très souvent les manifestations pathologiques plus ou moins bruyantes, les dysfonctionnements spectaculaires, qui ont entraîné des découvertes sur le fonctionnement normal de l'être humain. Ainsi, c'est grâce, si l'on peut dire, à une épidémie d'encéphalite léthargique que la notion de vigilance a été explorée au début du XXe siècle. La vigilance représente un « état fonctionnel du système nerveux qui conditionne sa capacité adaptative et sa réactivité comportementale (7) ». La vigilance est constituée en niveaux hiérarchisés qui, dans un fonctionnement normal, vont du sommeil le plus profond à la veille la plus intense. Le coma, la confusion, l'obnubilation, la syncope et, à l'opposé, la crise paroxystique constituent des états pathologiques.

Chaque niveau est contrôlé non par une seule structure cérébrale mais par l'interaction de différentes structures.

(7) Bernard Soumireu-Mourat dans : Roland Doron-François Parot (éds.), *Dictionnaire de psychologie,* Paris, Presses Universitaires de France, 1991, p. 712.

La régulation de l'ensemble est assurée par une formation spécifique dont les propriétés ont été mises au jour il y a seulement une quarantaine d'années, la formation réticulée. Commune à tous les vertébrés, elle prend d'autant plus d'importance que l'on s'élève dans la hiérarchie animale. Chez l'homme, qui s'est auto-promu au sommet de cette hiérarchie, elle s'étend comme une sorte de filet à la base du cerveau, depuis le bulbe rachidien jusqu'à l'hypothalamus, et impose son régime inéluctable d'alternance veille/sommeil.

La formation réticulée est comme bombardée par les messages sensoriels qui stimulent directement le tonus réticulaire. Elle provoque alors l'activation du cortex cérébral, notre magnifique et mystérieuse machinerie à penser. À l'inverse, c'est un mécanisme inhibiteur, sorte d'interrupteur *on/off*, qui permet et provoque le passage de la veille au sommeil.
De nombreuses recherches psychophysiologiques ont confirmé une intuition banale, en mettant en évidence le rôle prépondérant des stimulations externes dans le maintien de l'état vigile. Les exemples sont nombreux. Le conducteur fatigué en connaît intuitivement l'effet lorsque, désireux de continuer à tout prix sa route malgré une vigilance de plus en plus effilochée, il se procure une sorte de coup de fouet sensoriel en ouvrant tout grand sa fenêtre sur l'air vif et froid, en fumant, ou en mettant très fort le volume de son autoradio.

Engourdi devant son écran, l'utilisateur montre une fâcheuse tendance à oublier les fondements corporels de son efficacité. La concurrence féroce entre l'attention à appliquer à la tâche et l'attention à soi-même interdit la réception consciente des informations corporelles d'inconfort ou de fatigue. La sensibilité corporelle diminue. La colonne vertébrale s'affaisse. La respiration devient de plus en plus ténue et peine à assurer la qualité de l'alimentation en oxygène nécessaire à un bon fonctionnement du mental.
Tout se passe comme si les utilisateurs d'écran, en pleine lune de miel avec leur merveilleuse machine, se mettaient à rivaliser d'endurance avec elle, refusant tout signe qui pourrait être interprété comme une faiblesse trop humaine de leur part.

Les limites de l'attention

Malheureusement, et contrairement à ce que l'on pourrait souhaiter, les capacités attentionnelles ne sont pas extensibles à l'infini et présentent quelques limites.

a ▪ Le 7 d'or de la mémoire

La mémoire de travail, ou mémoire à court terme, correspond à une sorte de capacité de mise à disposition mentale des informations nécessaires à la réalisation de la tâche immédiate. Cette mémoire ne peut stocker qu'un nombre limité d'informations, c'est-à-dire 7 (la formule exacte est *7, plus ou moins 2*). Ce fameux chiffre 7 ne sort pas d'un chapeau. Il a été mis en évidence expérimentalement lors d'études sur la capacité de mémorisation d'éléments isolés n'ayant pas de rapports entre eux. Par exemple, il a été démontré que chez l'adulte, le nombre d'éléments que l'on peut répéter dans l'ordre, après une seule présentation, est de l'ordre de 7 (plus ou moins 2).
Le nombre 7 correspond au maximum de l'empan mnésique. La formule restrictive « plus ou moins 2 » correspond aux différences interindividuelles.

b ▪ Limites concernant la catégorisation

Le même nombre 7 semble mesurer la limite de la capacité de catégorisation, opération mentale qui a été longuement passée à la minutieuse moulinette expérimentale. Les chercheurs ont demandé aux sujets de l'expérimentation de classer des stimuli assez simples en différentes catégories. Au-delà de 7 catégories, les résultats ont mis en évidence une rapide décroissance, en qualité comme en quantité, de la fiabilité des informations que les sujets de l'expérience devaient à la fois repérer et transmettre. De nombreuses autres expériences ont depuis confirmé le chiffre 7 comme limite idéale du nombre de catégories utilisables.

c ▪ Les chrono-limites

Le niveau de vigilance correspond au niveau de mobilisation des ressources de l'organisme. Chez l'animal humain, il est soumis à des alternances entre l'état de veille et l'état de sommeil. L'appel à l'expérience personnelle du lecteur est ici d'une grande banalité. Chacun a pu repérer l'enchaînement inéluctable de ces deux états. Mais le niveau d'activité réticulaire n'est pas seulement soumis à ces deux grandes catégories. Il est aussi soumis à des variations plus subtiles au cours des périodes de veille (8).
Les psychologues scientifiques appellent « détection du signal » ce qui, plus banalement, est le repérage de la présence ou de l'absence des informations pertinentes. Chronomètre en main, des expériences rigoureuses ont permis de mettre en évidence que les capacités de détection d'un signal ne restent pas constantes au cours du nycthémère.

(8) Voir P. Leconte et C. Lambert, *La Chronopsychologie*, Paris, Presses Universitaires de France, 1990.

Il en est de même pour le temps de réaction, c'est-à-dire le temps où, l'information pertinente ayant été repérée, il s'agit pour le sujet de définir, de décider et de déclencher une réponse motrice adaptée. Autre exemple, la capacité de mémoriser subit elle aussi des modifications importantes au cours de la période de veille. Ainsi l'empan mnésique connaît son maximum en fin de matinée pour décroître ensuite jusqu'au soir.

d ▪ L'affect et la motivation

Comme le lecteur peut s'en douter, il existe un lien entre motivation et performance. La loi dite de « Yerkes et Dodson » a été établie en 1908 par ces deux chercheurs américains à partir d'expérimentations animales. On l'appelle la loi de « l'optimum de motivation ». Elle a depuis fait l'objet de nombreuses expérimentations humaines qui, jusqu'à ce jour, ne l'ont pas infirmée.

Quand il s'agit d'une tâche facile, il faut, pour parvenir à un optimum d'efficience, une motivation plus importante que pour une tâche plus difficile. Autrement dit, l'efficience croît en même temps que la motivation lors de tâches faciles, mais décroît lorsque la tâche devient plus difficile ou moins familière.

Ainsi, dans une tâche de résolution de problème, il y a plus de chances de trouver des solutions si le niveau de motivation, qui se traduit physiologiquement par un niveau d'activation corticale, reste modéré. Plus l'enjeu personnel est important, plus le stress entraîne un éveil cortical important. Cette augmentation de l'éveil cortical va produire une propension plus grande à l'action qu'à l'analyse de la situation.

Un niveau élevé d'activation tend à déclencher des réactions habituelles, voire stéréotypées, qui sont déjà hautement automatisées. Si ces réactions sont inappropriées, et donc inefficaces à modifier l'état des choses, surviendra quasi inexorablement un fort désagréable sentiment d'impuissance, d'où découlera une sérieuse augmentation du stress et par là même une nouvelle augmentation du niveau d'activation.

Vigilance, hyper-vigilance et hypo-vigilance

De même que le sommeil connaît des étapes multiples, la vigilance ne présente pas un état uniforme. Elle connaît trois différents degrés dont l'enchaînement inexorable se répète de façon cyclique pendant toute la durée de la veille. On appelle ces phases successives :

- la veille diffuse, ou hypo-vigilance, sorte de *farniente* de l'esprit ;
- l'éveil attentif, ou vigilance, correspondant à la mobilisation pacifique des ressources de l'organisme ;
- et l'éveil intense, ou hyper-vigilance, qui pourrait être comparé à l'alerte générale requise dans les situations d'urgence ou de péril.

La phase d'hyper-vigilance s'apparente bien évidemment aux situations de sur-stress ou d'excès de motivation. Elle a pour effet de restreindre le champ des indices pris en compte. On appelle cela l'augmentation de la sélectivité de la prise d'information. Le *Cours de psychologie* dirigé par Rodolphe Ghiglione et Jean-François Richard propose l'explication suivante du phénomène :
« L'attention est donc focalisée sur les indices dominants de la situation, c'est-à-dire ceux qui sont utilisés habituellement. C'est ce qu'on appelle le phénomène de *tunnélisation*.
Si ces indices sont pertinents pour la tâche, ce qui est le cas s'il s'agit d'une tâche familière, l'augmentation de l'activation engendre une amélioration de la performance, car les signaux sont traités plus rapidement.
Si, en revanche, on ne dispose pas d'une procédure adéquate et qu'il soit nécessaire d'élaborer une solution nouvelle, la focalisation sur les signaux dominants favorise l'évocation des procédures et des actions connues associées à des situations voisines, et empêche les activités qui seraient propices à la découverte de la solution : recherche d'informations nouvelles, activité d'évaluation des résultats de ce qui a été tenté (9) ».

La vigilance selon le docteur Vittoz

Un médecin suisse de la fin du XIXe siècle, le docteur Roger Vittoz, a eu l'intuition géniale du lien entre vigilance et stimulations sensorielles, bien avant que ne soit faite la découverte de la formation réticulée.
Le Dr Vittoz a élaboré une théorie du fonctionnement de l'esprit, où l'on retrouve l'équivalent de ces trois notions d'états de veille.

L'hypo-vigilance est appelée du joli nom de vagabondage cérébral. Dans un premier temps, cet état peut être vécu par le sujet comme un état de rêverie agréable, sorte d'indisponibilité passagère de l'esprit qui se désintéresserait momentanément des contingences du monde. En hypo-vigilance, le sujet est peu, voire pas du tout concerné par les événements qui surviennent et le rôle qu'il pourrait bien y jouer. Un exemple typique est le cas de l'écolier rêveur, ce tête en l'air cher aux poètes, qui s'évade sans effort de la froide réalité de sa classe. Un autre cas est l'employé d'une grosse administration, par exemple une grande compagnie d'assurances, qui accomplit mécaniquement les tâches qui lui sont demandées et laisse tranquillement à son supérieur le soin de veiller aux éventuelles erreurs qu'il aurait pu commettre.

(9) *Cours de psychologie*, vol. 1, *Origines et bases*, Paris, Dunod, 1992, p. 553.

Plus l'hypo-vigilance prend de la place dans la vie du sujet, plus la rêverie agréable fait place à un sentiment pénible d'aboulie, d'apathie, de flou quasi nauséeux, d'inefficacité ou d'impuissance presque totales.

Tout à l'opposé, l'hyper-vigilance semblerait plus en adéquation avec les impératifs de la productivité. Qu'on se rassure. Il n'en est rien.
Même si l'hyper-vigilance offre les apparences extérieures de l'efficacité et de la productivité, même si elle permet en effet d'expédier plus rapidement les tâches familières, elle n'est qu'un leurre qui cache assez mal son inefficacité face à toute situation nouvelle, échappant aux procédures codifiées.
Face à un problème nouveau, une situation un peu complexe, au lieu de permettre le libre déploiement d'une pensée activement engagée, l'hyper-vigilance entraîne une série sans équivoque de méfaits. Elle se précipite, presse à l'action sans recul réflexif, conduit des raisonnements faussés par sélection erronée des informations pertinentes et des arguments, néglige des informations essentielles, et manque totalement de vue d'ensemble. Au niveau professionnel comme au niveau personnel, les effets sont particulièrement stressants.

Pour Vittoz, la mobilisation pacifique des ressources de l'organisme s'obtient par la pratique raisonnée de l'alternance entre travail mental et pauses sensorielles. La vigilance est le fruit paisible d'une franche implication dans la productivité mentale, entrecoupée d'ouvertures régulières à la détente sensorielle.

Pour conclure

Dans l'entreprise, notamment l'entreprise française, le confort a valeur de signe extérieur de puissance. Il est un marqueur tout aussi strictement codifié du standing des individus que de celui des sociétés. Ses constituants (espace, mobilier, lumières...) sont donc soigneusement répartis selon une immuable étiquette hiérarchique.
Cette signification toute particulière laisse peu de place à la réflexion raisonnée sur le confort du travail devant écran. Les liens entre le respect du confort des individus et le souci de l'efficacité sont encore largement à instaurer.

Toutefois, la tendance va se modifier et, petit à petit, les fondements somatiques de l'efficacité de la matière grise devront être davantage pris en compte, au niveau individuel comme au niveau collectif.

Petit à petit, la réflexion et la compréhension des phénomènes va progresser. Le confort deviendra un élément constituant de l'efficacité. Il sera démocratiquement partagé, tandis que la hiérarchie se montrera prompte à inventer les nouveaux symboles de sa puissance.

Les principes suivants (largement inspirés des écrits du Dr Vittoz) participent activement à ce mouvement. Ils sont très souvent mis en œuvre intuitivement. Ce sont eux qui ont présidé à l'écriture de cet ouvrage.

Ces principes facilitent une confrontation fertile avec les sollicitations insistantes de la vie professionnelle (et de la vie privée) :

- Ne pas oublier les fondements somatiques de l'efficacité intellectuelle.
- En reconnaître et en accepter les forces mais aussi les limites.
- Garder un œil (ou une oreille) sensible aux fluctuations de sa vigilance.
- Garder un œil (...) sensible aux fluctuations du confort corporel.
- S'autoriser régulièrement des micro-pauses de relaxation sensorielle.
- S'autoriser à penser librement.
- S'autoriser des maxi-pauses.
- Cultiver la souplesse mentale.
- Comprendre que penser sur les petites choses est à l'opposé de penser petitement.
- Prendre soin de soi, bien se nourrir, bien dormir, bien rire et faire régulièrement de l'exercice.

Dans sa rivalité avec le Grand Robot Magique, l'utilisateur d'écran informatique a tout à gagner à continuer d'afficher sa différence. Pour résister à la tentation de s'auto-robotiser, il lui faut affirmer fermement sa nature d'animal humain. La pratique d'une alternance souple entre les périodes de travail réflexif et les pauses où l'attention s'ouvre aux ressentis corporels, lui permet d'améliorer ses capacités de saine vigilance. Proposer régulièrement à l'esprit qui réfléchit la trêve bienfaisante de mini-pauses sensorielles le protège de l'enlisement dans l'hypo-vigilance et l'aide à diminuer la survenue des désastres fébriles de l'hyper-vigilance.

■ Négocier avec les contraintes

• Fiche 22 : Les pressions intervertébrales

Résumé

Cette fiche donne un aperçu de l'intensité des pressions qui s'exercent sur le disque intervertébral.

Objectifs

- « instruire en "distraisant ", treize ans et demi maximum » (Bobby Lapointe, *Leçon de guitare sommaire*) ;
- plus sérieusement, illustrer les difficultés de la posture assise prolongée.

Déroulement

Repérez la bonne réponse, parmi celles qui sont proposées, aux questions suivantes :

À combien estimez-vous la pression, en kgf, subie par le dernier disque intervertébral lombaire (celui qui est situé entre la vertèbre appelée L5 et le sacrum, appelé S1) pour un adulte pesant 70 kg ?

a. en position allongée ?

❑ 0 kgf ❑ 5 kgf ❑ 10 kgf ❑ 25 kgf

b. en position debout, les mains vides ?

❑ 10 kgf ❑25 kgf ❑ 50 kgf ❑ 100 kgf

c. en position assise ?

❑ 25 kgf ❑ 100 kgf ❑ 200 kgf ❑ 250 kgf

d. en position debout, le corps incliné vers l'avant, jambes tendues, les mains vides, comme par exemple pour lacer ses chaussures ?

❑ 25 kgf ❑ 100 Kgf ❑ 250 kgf ❑ 300 kgf

e. debout, le corps fléchi vers l'avant et jambes tendues (par exemple quand le sujet met en œuvre le modeste projet de soulever du sol la charge d'une feuille de papier) ?

❑ 25 kgf ❑ 100 kgf ❑ 250 kgf ❑ 300 kgf

Corrigé des réponses

a. 25 kgf
b. 100 kgf
c. 200 kgf
d. 250 kgf
e. 300 kgf

• Commentaires

Comment ne pas respecter une aussi merveilleuse machine ?

Pour aller plus loin

Lire :

- *Les Cahiers d'Anatomie Vivante*, n° 1, *Le rachis*, Masson, Monographies de Bois-Larris, 1982.
- I.A. Kapandji, *Physiologie articulaire, schémas commentés de mécanique humaine*, Paris, Maloine, 1979.

Regarder les compétitions d'haltérophilie. Admirer la recherche de la posture juste, jambes fléchies, colonne érigée, permettant de développer un maximum de force avec un minimum de dégâts.

• Fiche 23 : La gymnastique attrape-dossier

Résumé
Cette fiche décrit la succession de quelques torsions bien ordinaires quotidiennement infligées à la colonne vertébrale.

Objectifs
- augmenter la conscience corporelle ;
- protéger le dos ;
- augmenter la pratique des bons réflexes posturaux.

Déroulement
Répondez à la question suivante :
Vous êtes assis devant votre poste de travail et vous avez besoin de consulter un gros dossier rangé dans un tiroir situé tout en bas à droite (ou à gauche, cela importe peu) de votre bureau. Comment vous y prenez-vous pour aller le chercher ?

Solution a
Vous allez chercher le dossier en vous levant de votre fauteuil.

Solution b
Vous allez chercher le dossier tout en restant assis sur votre fauteuil.

Commentaire des réponses
- *Vous avez choisi la réponse a*
  Bravo ! C'est la meilleure réponse pour qui veut protéger son dos et prévenir les méfaits de la position assise continue.

- *Vous avez choisi la réponse b*
  Aïe, aïe, aïe !
  Ce *modus operandi* suppose une mobilisation complexe de la colonne vertébrale, entraînant une belle série de torsions, assorties de flexions latérales, le tout aggravé par des soulèvements et des manipulations malcommodes de charges, certes légères, mais effectués à bout de bras, ce qui ajoute un effet de levier démultiplicateur.
  Il s'agit de la succession bien ordinaire des mouvements suivants :
  ➢ tourner le haut du corps, du côté où se trouve le tiroir, tandis que le bassin est maintenu bien calé dans le siège
  => torsion

- se pencher vers celui-ci et tendre la main la plus proche (dans notre exemple il s'agit de la main droite) vers la poignée du tiroir
  => torsion + flexion
- tirer le (lourd) tiroir
  => torsion + flexion + manipulation de charge
- farfouiller avec la main opposée (ici la gauche) bras tendu, à la recherche du dossier
  => torsion + flexion + effet de levier
- cependant que la tête, très mobile sur son axe, recherche la meilleure position pour ajuster le regard au balayage optique des différents titres
  => autre torsion
- le titre repéré, pincer fermement le dossier avec la main gauche, bras tendu
  => torsion + flexion + manipulation + effet de levier
- le tirer hors de sa cachette et l'amener à soi sur le plan de travail pendant que la main droite repousse le tiroir
  => torsion + flexion + manipulation + soulèvement + effet de levier
- se redresser et se repositionner en face de son écran
  => ouf !!!

L'opération, complexe malgré son apparente simplicité, n'est pas dangereuse lorsqu'elle reste peu fréquente, et qu'elle mobilise un dos souple, délié et bien entretenu.

L'opération, répétée à l'envi sur un dos fatigué, insuffisamment ou mal musclé, suffira à maintenir, raviver, aggraver, voire à déclencher des souffrances musculo-squelettiques sans fin.

Si cette fiche n'a pas pour ambition d'analyser et de traiter en profondeur les raisons complexes d'une telle maltraitance de soi, elle aura atteint son objectif si au moins elle vous a permis de vous montrer dorénavant plus sensible à des propositions d'économie du geste.

Pour aller plus loin

Mettre à l'épreuve pendant une semaine la solution *a* et en observer les effets :

- s'interroger sur la plus ou moins grande douceur (ou rudesse) des rapports qu'on entretient avec son corps ;
- consulter un bon kinésithérapeute ;
- mettre en place une pratique régulière d'activité physique telle que le stretching, la gymnastique douce, la natation, le yoga, etc.

Lire :

- Marie Blary et Sylvie Rosenberg, *L'Écran sans le stress*, Saint-Jean-de-Braye, Dangles, 1990.
- Michel Roy, *La Gymnastique invisible*, Paris, @mphora, 1999.
- Michel Gendrier, *L'Ergomotricité, le corps, le travail et la santé*, Grenoble, Presses Universitaires de Grenoble, 1995.
- Blandine Calais Germain et Andrée Lamotte, *Anatomie pour le mouvement*, tome 2, *Bases d'exercices*, Méolans-Revel, DésIRIs, 1990.

Consacrer régulièrement du temps à l'observation fine (et bienveillante) de ses pratiques posturales.

• Fiche 24 : Bienvenue à l'oxygène

Résumé
Cette fiche explore quelques critères personnels d'appréciation de l'aisance et de l'efficience respiratoires.

Objectifs

- enrichir la sensibilité corporelle ;
- faciliter le repérage des signes subtils du stress ;
- augmenter les capacités d'auto-apaisement en cas de stress.

Déroulement

- Prenez tout d'abord le temps de vous installer de façon confortable, comme il est proposé dans le tour du propriétaire version rapide (voir fiche p. 109).

- Puis, si c'est possible, fermez les yeux, ce qui facilite la centration de l'attention sur les rythmes internes. C'est mieux, mais ce n'est pas obligatoire. Si ce n'est pas possible, posez votre regard sur quelque chose de neutre, ou regardez dans le vague, comme quelqu'un qui réfléchit intensément.

- Dans un premier temps, dirigez simplement le large faisceau de votre attention sur le mouvement de votre respiration, pendant cinq ou six respirations complètes.

- Puis, ajustez plus précisément le faisceau de votre attention sur le rythme de votre respiration.
  Comment pourriez-vous le qualifier ?

- Portez ensuite votre attention sur la durée de l'inspire comparée à la durée de l'expire. Prenez votre temps.
  Que constatez-vous ?

- Portez maintenant votre attention sur l'amplitude du mouvement respiratoire.
  Qu'en dites-vous ?

- Portez alors votre attention sur le placement du mouvement respiratoire. Est-il perceptible davantage au niveau de l'abdomen, au niveau de la taille, dans le dos, en haut de la poitrine, sous les bras, dans les épaules ?

- Portez enfin votre attention sur l'enchaînement des mouvements inspiratoires et expiratoires.
  Existe-t-il une pause entre l'inspire et l'expire ?
  Existe-t-il une pause entre l'expire et l'inspire ?

- De nouveau, portez simplement votre attention au mouvement de votre respiration, comparez avec ce que vous avez senti au début de l'exercice, puis laissez-vous bercer par l'alternance tranquille inspire-expire.

- Ouvrez les yeux et prenez le temps de noter vos différentes perceptions :
  rythme ?...
  durées ?...
  amplitude ?..
  placement ?..
  pause ?...

• Commentaires

- **Le rythme respiratoire**

Il est très intimement lié à l'activité corporelle et à l'état psychique. Il peut être rapide, précipité, voire haché. Il peut être calme, lent et tranquille. Il peut être régulier ou au contraire très désordonné.
Vous avez peut-être constaté qu'il était différent en début et en fin d'exercice, la simple attention à la respiration ayant souvent un effet immédiatement apaisant.

- **La comparaison entre la durée de l'inspiration et la durée de l'expiration**

Dans les états anxieux, ou de tension psychique, la durée de l'inspire a tendance à dépasser celle de l'expire.
Le total du contenu gazeux des poumons est supérieur à 4 litres. Il est constitué d'un petit litre d'air frais échangé à chaque inspiration normale, de plus de deux litres d'air dit de réserve, mobilisables lors des grandes respirations et d'un fond d'air résiduel, jamais mobilisé. Les poumons et la cage thoracique ne sont pas extensibles à l'infini. Aussi, pour qui veut augmenter la quantité d'air frais qui doit être inspiré, il faut en quelque sorte faire de la place. Plus on expulse une part importante du volume d'air de réserve, et plus important sera le volume inspiré de bon air généreux en oxygène.

C'est pourquoi, pour une respiration plus efficace, il est conseillé d'allonger la durée de l'expire, qui doit dépasser nettement celle de l'inspire. Un entraînement, qui doit être modéré et assidu, permet facilement d'atteindre un rapport du simple au double. Pour éviter l'overdose d'oxygène, il est conseillé dans un premier temps aux praticiens novices de se contenter de performances modestes (deux à quatre secondes d'inspiration et quatre à huit secondes d'expiration) et de ne pas s'entraîner pendant plus de cinq minutes à la fois.

- **L'amplitude du mouvement respiratoire**

La respiration abdominale conjuguée à la respiration thoracique est la respiration la plus ample. Elle suppose une grande liberté de mouvement du diaphragme, ce muscle « très puissant séparant le thorax de l'abdomen qui s'abaisse (tel un piston) en se contractant à chaque inspiration et remonte à l'expiration... et qui nous assure notre pain quotidien d'oxygène, sans discontinuer, tout au long de notre existence. » (Blary et Rosenberg, *op. cit.*).

La respiration scapulaire, appelée aussi respiration haute, est considérée comme une respiration annexe, qui vient s'ajouter à la respiration abdominale et thoracique lorsqu'une activité corporelle intense nécessite une intensification soudaine de l'apport d'oxygène (course, marche vigoureuse, effort particulier, etc). Lorsqu'elle est utilisée comme source principale de la respiration (c'est le cas par exemple chez les grands insuffisants respiratoires ou chez les femmes enceintes), elle est alors particulièrement chiche en capacité d'oxygénation, tout en se montrant fort coûteuse en travail et donc en fatigue pour toute la musculature du haut du corps.

- **L'existence d'une pause**

Entre l'inspire et l'expire, il peut exister un temps de pause, plus ou moins perceptible.

Lorsque les poumons sont remplis d'air frais, cette pause permet d'optimiser l'efficacité des échanges gazeux.

Lorsque la pause a lieu entre l'expiration et l'inspiration suivante, elle signale que tout va bien, que le sang est bien oxygéné et que les capteurs de gaz carbonique n'ont pas à se presser pour déclencher le prochain réflexe inspiratoire.

Cette pause s'accompagne d'une sensation de détente corporelle.

Son absence peut être considérée comme un signe de stress.

Durée de l'exercice

Quelques minutes.

Fréquence de l'exercice

Le plus souvent possible, car non seulement il est un excellent indicateur de l'état de stress, mais il est aussi un formidable auto-apaiseur.
Après un peu d'entraînement, il devient l'un des gestes familiers de la perception consciente de soi.

Pour aller plus loin

Multiplier les moments d'attention à sa respiration, cela ne coûte rien et peut rapporter gros.

Être particulièrement attentif à ses modifications, et aux circonstances de ces modifications.

Mettre en place une pratique régulière d'activité physique demandant une bonne gestion respiratoire, comme la course, la gymnastique douce, la natation, le yoga, etc.

Lire :

- Marie Blary et Sylvie Rosenberg, *L'Écran sans le stress*, Saint-Jean-de-Braye, Dangles, 1990.
- Michel Roy, *La Gymnastique invisible*, Paris, @mphora, 1999.

• Fiche 25 : Le confort actif

Résumé
Cette fiche détaille les principes ergonomiques d'organisation d'un poste de travail informatique.

Objectifs
- détailler les principes d'une organisation raisonnée du poste informatique ;
- en clarifier la logique ;
- permettre une mise en pratique aisée ;
- mettre en pièces l'équivalence automatique : travailler = souffrir.

Déroulement
Prenez le temps d'observer attentivement l'aménagement de votre poste informatique.
Puis, répondez dans l'ordre aux questions suivantes :

A. Lorsque vous êtes assis à votre poste de travail, quelle est la nature de l'angle formé par votre avant-bras et votre bras ?

....

B. Vos pieds sont-ils en appui confortable sur le sol, ou sur un support ?

....

C. Quelle est la qualité de l'appui de votre dos ?
 * hauteur du dossier ?..
 * soutien des lombaires ?..
 * avancée du dossier ?..

D. Quel emplacement pour l'écran et le clavier ?

....

E. Quelle hauteur pour l'écran ?

....

F. Quel emplacement pour le clavier ?

....

G. Et la souris ?

....

H. Place de l'écran par rapport aux fenêtres ?

....

I. Et l'éclairage artificiel ?

....

Réponses et commentaires

- *Question A*

  Une fois les mains posées sur le clavier, l'angle délimité par la ligne du bras et celle de l'avant-bras doit se situer autour de 90°. Plus l'angle est inférieur à cette mesure, plus intense est le travail musculaire que doivent fournir les avant-bras pour atteindre et se servir du clavier. Si l'angle est supérieur à ces 90°, la contrainte physique est un peu moins pénible, et dans ce cas, c'est le sentiment de confort de l'utilisateur qui devra guider l'évaluation de la bonne mesure.

  Pourquoi commencer l'analyse du poste informatique par la mesure d'un angle ?
  Tout simplement parce que sa mesure exprime le rapport entre la hauteur de la table de travail et la hauteur de l'assise, ces deux hauteurs adaptées à un utilisateur précis, vous-même. Cet angle est donc très important puisqu'il mesure l'adaptation (ou l'inadaptation) du couple table/fauteuil aux caractéristiques physiques d'un seul utilisateur. Si nécessaire, il y a deux manières simples de modifier cet angle. Il est possible soit de remonter (ou de baisser) la hauteur de la table de travail, soit de remonter (ou de baisser) la hauteur de l'assise.
  Il est souvent assez facile de modifier la hauteur de l'assise, car les fabricants de siège tiennent volontiers compte des différences de taille entre les personnes.
  Il est plus rare, en revanche, de pouvoir modifier la hauteur des tables, le diktat de la norme et de la standardisation ayant encore frappé, même s'il nous est arrivé de voir de joyeux bricoleurs, assez souvent des personnes de grande taille, fabriquer des sortes de sabots, ou de chaussons, permettant de rehausser leur table, ce qui leur évite de se cogner régulièrement les genoux ou, pour les femmes, de filer tout aussi régulièrement leurs collants.

- *Question B*

  Une fois réglée la hauteur de siège offrant le rapport le plus favorable à l'utilisateur, la deuxième démarche consiste à vérifier l'appui des pieds sur le sol. Cette fois-ci, ce seront surtout les personnes petites qui auront à aménager activement leur confort. En cas de non-appui des pieds au sol, il sera indispensable d'utiliser un repose-pieds. Pour faire son choix, on pourra préférer celui qui présentera un look bien professionnel (on en voit de très sophistiqués dans les catalogues de matériel de bureau) ou plus imaginatif (petits bancs de bois plus ou

moins ornés, catalogues plus ou moins usagés, boîtes de biscuits plus ou moins vides...).
Rappelons, pour mémoire, que l'appui des pieds stabilise la posture, qu'il rend plus confortable. Il facilite aussi une meilleure remontée vers le cœur du sang veineux.

- *Question C*

Reste alors à s'occuper de la hauteur du dossier, qui doit permettre un appui confortable du dos, en montant parfois jusqu'à la nuque, ainsi qu'un soutien solide des lombaires. Il convient aussi de régler son avancée afin de renforcer la sensation d'appui réconfortant. Lorsque le dossier n'est pas réglable en avancée, ce qui est assez courant, on peut, si l'on souhaite bénéficier d'un soutien lombaire plus ajusté, pallier cet inconvénient en utilisant un petit coussin, à choisir dans une gamme qui va des fournitures professionnelles bien neutralisées aux coussins plus aventureux dans le choix de leur forme, de leur matière ou de leur couleur. Pour qui veut améliorer, grâce à un coussin, le confort de ses lombaires, la seule véritable difficulté est de s'autoriser à braver la crainte tenace du ridicule.
Il arrive aussi que les fauteuils offrent de tels réglages mais que leurs usagers n'en aient jamais rien su.

- *Question D*

Le seul emplacement possible pour l'écran est FACE à l'utilisateur. La distance œil/écran peut varier, selon l'acuité visuelle, de 50 à 80 centimètres.

- *Question E*

La hauteur idéale de l'écran est en dessous de l'horizontale du regard. Ce qui signifie que dans la plupart des cas, il ne devrait pas être placé au-dessus de l'unité centrale. Mais, dans les faits, trop nombreuses sont les situations où l'écran se présente imperturbablement juché au-dessus de l'unité centrale.
Dans nos enquêtes, il est apparu que c'est le cas au moins dans un bureau sur quatre, et parfois davantage. De ce constat, il semblerait qu'un interdit quasi absolu de séparer l'unité centrale et l'écran préside à l'aménagement des postes. Tout se passe comme si la liaison fonctionnelle bien évidemment nécessaire entre ces deux éléments avait besoin d'être redoublée par une proximité dans l'espace aussi rigide qu'inévitable.

D'ailleurs, très souvent, les câbles de liaison sont tellement courts qu'ils ne permettent aucune souplesse dans l'organisation réfléchie de l'espace de travail.

En matière d'aménagement des postes informatiques, il semblerait que la recherche du confort de l'utilisateur, selon ce qu'il désire, selon ses caractéristiques physiques, et selon les spécificités de sa tâche, ne soit pas la règle numéro un.

- *Question F*

La meilleure (et la seule) place pour le clavier est bien évidemment en face de l'utilisateur. La possibilité de poser les poignets et surtout les avant-bras améliore le confort, et permet ainsi un usage prolongé sans fatigue inutile. L'utilisation de repose-poignets en mousse diminue la compression des poignets et, par là même, diminue le risque d'apparition de syndromes du canal carpien.

Certains utilisateurs savent taper sans poser les avant-bras ou les poignets. Ils savent, en même temps, ne pas remonter ni crisper les épaules. Ceux-là, qui ont souvent une formation de secrétaire ou de pianiste, utilisent volontiers les tiroirs claviers, placés sous le plan de travail.

- *Question G*

La souris a souvent du mal à trouver sa juste place. Elle est régulièrement reléguée au loin, et nécessite pour sa manipulation un étirement du bras, sans pitié pour des articulations fragiles. Peut-être appellera-t-on « mouse-elbow » cette souffrance directement liée à un usage inadéquat de la souris.

Lorsque le clavier est posé sur un tiroir clavier, il arrive souvent que la souris ne bénéficie que d'une place très exiguë, qui exige un maniement aussi minutieux qu'un travail de dentellière. Il arrive aussi assez souvent que le plan de glisse de la souris ne soit pas à la même hauteur que le plan du clavier, ce qui oblige à multiplier les manœuvres articulaires de réajustement.

Le mieux est donc de placer la souris assez près du clavier, et si possible au même niveau, de faire en sorte que l'avant-bras puisse rester en appui sur le plan de travail, tout en évitant que l'épaule ait à multiplier les réajustements et les projections vers l'avant.

- *Question H*

  Par rapport aux fenêtres, quand la chance fait qu'il y en a, il vaut mieux que l'écran soit orienté perpendiculairement à celles-ci, ce qui, le lecteur attentif l'aura compris, évite tout autant les reflets sur l'écran que l'éblouissement de l'utilisateur.

  De même, il vaut mieux veiller à ce que l'écran ne regarde pas obligeamment les lumières du plafond. S'il s'avère nécessaire de corriger ce travers, la manœuvre est facile à réaliser. Il faut pour cela prendre l'appareil à bras le corps, peser vers l'avant tout en soulevant l'arrière. Ceux qui savent faire se demanderont sans doute pourquoi notifier ce détail de manipulation. À cela nous répondrons que c'est sans doute parce qu'au moins une personne sur deux, dans les enquêtes que nous avons effectuées, ne savait pas comment s'y prendre pour changer l'orientation de l'écran.

- *Question I*

  L'éclairage de la pièce doit être plutôt tamisé, afin de ne pas augmenter le travail d'ajustement des pupilles à de trop grands écarts de luminance. C'est rarement le cas.

  La plupart des bureaux visités ont un éclairage général parfaitement adapté au travail sur papier. Il est en revanche souvent bien trop fort pour le travail prolongé sur écran. Pour adapter l'éclairage au travail sur écran, il est souhaitable de diminuer l'intensité de l'éclairage d'ambiance, et d'utiliser une lampe de bureau pour éclairer spécifiquement les documents imprimés à lire.

Quand faire cet exercice ?

Quand vous installez votre poste informatique, au travail ou à la maison.
Quand vous ressentez des tensions, voire des douleurs musculaires.
Quand vous constatez des signes d'inconfort oculaire.

Quelle durée ?

Le travail d'analyse ergonomique du poste peut être fait assez rapidement. En revanche, les modifications à apporter peuvent nécessiter davantage de temps, d'énergie et de souplesse mentale. Par exemple, l'ajustement des fauteuils peut exiger beaucoup de patience et d'ingéniosité.
Prévoyez la difficulté, demandez de l'aide et des idées. Ne laissez surtout pas tomber. C'est de vous et de la préservation de votre santé qu'il s'agit.

Pour aller plus loin

Mettre en adéquation les principes ergonomiques et la réalité, au travail ou à la maison. S'ingénier à trouver des solutions. Ne pas craindre les petits bricolages maison.

Lire :

- Marie Blary et Sylvie Rosenberg, *L'Écran sans le stress*, Saint-Jean-de-Braye, Dangles, 1990.

Consulter les nombreuses publications de l'INRS sur le sujet, elles sont d'excellente qualité et fort bien documentées.

Affiner sa sensibilité ergonomique en s'amusant à analyser plusieurs situations de travail.

Augmenter ses capacités de veille sensible.

Observer les attitudes et l'organisation du travail des ouvriers et artisans les plus qualifiés. Héritiers d'une longue tradition du geste juste, ils savent que l'économie du geste fait partie intégrante de leur efficacité.

• Fiche 26 : Les palmines

Résumé

Cet exercice propose de mettre véritablement vos yeux à l'ombre, dans le creux de vos mains.

Objectifs

- reposer les yeux en éliminant toute sollicitation lumineuse ;
- reposer la nuque et le haut des épaules ;
- permettre un abaissement du tonus général ;
- favoriser une diminution de l'activité cérébrale ;
- passer en fonctionnement parasympathique.

Déroulement

Premier temps

- Asseyez-vous confortablement devant votre bureau. Si c'est possible, après avoir fermé votre porte.
- Prenez conscience de vos appuis, pieds, cuisses, fesses, dos.
- Enlevez vos lunettes si vous en portez, gardez vos lentilles.
- Posez vos coudes sur la table devant vous. L'écartement doit correspondre à peu près à la largeur de vos épaules.
- Tournez vers le ciel (ou ce qui en tient lieu, le plafond) les paumes de vos mains. Creusez vos mains pour en faire des sortes de petits couffins dans lesquels vous allez déposer doucement votre front, vos yeux et vos pommettes.
- Fermez les yeux. Vos paupières constituent votre premier rideau de protection contre la lumière.

Deuxième temps

Vous devez tout d'abord rechercher le confort maximum dans cette posture :

- serrez suffisamment les doigts pour créer l'obscurité la plus complète, vos mains faisant office de doubles rideaux ;
- recherchez l'écartement le plus confortable pour vos coudes ;
- veillez à laisser vos épaules le plus détendues possible ;
- évitez de faire pression avec vos paumes sur vos globes oculaires ;
- placez vos mains de manière à ne pas entraver le libre passage de l'air dans vos narines.

Troisième temps

- Lorsque vous vous sentez enfin confortable, orientez votre attention sur le mouvement de votre respiration.
- Pendant dix respirations complètes (inspirations, expirations et pauses éventuelles), laissez-vous bercer par le va-et-vient tranquille de l'air que vous respirez.
- À l'inspire, vous pouvez sentir le mouvement d'expansion, de montée, accompagné d'une forme de tension dynamique. La sensation d'extension, de déploiement, peut être perçue au niveau de l'abdomen, du thorax, sur la poitrine, sous les bras et dans le dos jusqu'aux épaules.
- À l'expire, vous pouvez sentir le mouvement inverse, votre ventre, votre cage thoracique se replient, se détendent, vos épaules s'affaissent, se relâchent.
- La pause en fin d'expire accentue et diffuse la sensation de détente paisible.

Vos yeux profitent d'un véritable bain d'obscurité, se reposent, se rafraîchissent. À l'ombre bienfaisante de vos mains, ils se détendent tranquillement.
Votre tête pèse de tout son poids sur vos mains, ce qui allège le travail de la nuque qui elle aussi, à son tour, peut se détendre. Par une série de connexions complexes, la détente de la nuque entraîne la détente de toute la musculature dorsale.

Goûtez pleinement les bienfaits de ce bref moment de tranquille détente.

Quatrième temps

- Lorsque vous estimez le moment venu, écartez tout doucement vos doigts puis ouvrez tout aussi doucement vos paupières. Accueillez la lumière, tamisée par l'éventail de vos doigts.
- Refermez. Bénéficiez encore un instant des bienfaits de ce bain d'obscurité.
- Puis, de nouveau, ouvrez vos mains et vos yeux. Accueillez la lumière de la pièce.
- Laissez-vous bâiller. Sentez la montée rafraîchissante des larmes de détente.
- Doucement, étirez-vous, étirez vos bras, vos jambes, frottez vos yeux comme au réveil.

Comment vous sentez-vous ?

Durée de l'exercice

Une minute de palmines se montre particulièrement efficace pour reposer et détendre les yeux fatigués.

Vous pouvez, si vous le souhaitez, modifier à votre convenance la durée de l'exercice.

Attention à ne pas vous endormir.

À quel moment faire cette micro-pause ?

Lorsque vous sentez que vos yeux sont fatigués, par exemple après des heures en continu devant l'écran.

Si vous n'osez pas faire cette pause au bureau, vous pouvez vous réfugier dans les toilettes, et pratiquer les palmines en posant vos coudes sur vos genoux.

Cet exercice est évidemment utile après toute sollicitation oculaire prolongée comme, par exemple, après avoir conduit longtemps.

À ne pratiquer qu'à l'arrêt, bien sûr !

Pour aller plus loin

Lire :

- Aldous Huxley, *L'Art de voir*, Paris, Payot, Psychologie, 1984.
- Mary Darst Corbett, *Yoga des yeux*, Verviers, Marabout, 1983.

BIBLIOGRAPHIE

- Éric Albert et Laurent Chnelweiss, *L'Anxiété*, Paris, Éditions Odile Jacob, collection *Santé au Quotidien*, 1999.
- Christophe André et François Lelord, *L'Estime de soi. S'aimer pour mieux vivre avec les autres*, Paris, Éditions Odile Jacob, 1999.
- Christophe André, Patrick Légeron, François Lelord, *La Gestion du stress*, Neuilly-Plaisance, Éditions Bernet-Danilo, collection *Essentialis*, 1998.
- Christophe André, François Lelord, Patrick Légeron, *Le Stress*, Toulouse, Éditions Privat, *Les Classiques de la santé*, 1998.
- Lucien Auger, *S'aider soi-même*, Montréal, Les Éditions de l'Homme, 1974.
- Soly Bensabat, *Le Stress c'est la vie !*, Paris, Librairie Générale Française, Le Livre de Poche, 1991.
- Marie Blary et Sylvie Rosenberg, *L'Écran sans le stress*, Saint-Jean-de-Braye, Dangles, 1990.
- Henriette Bloch et al. (éds.), *Grand dictionnaire de la psychologie*, nouvelle éd., Paris, Larousse, 1994.
- Jean-Marie Boisvert et Madeleine Beaudry, *S'affirmer et communiquer*, Montréal, Les Éditions de l'Homme, 1979.
- Élyse Brais, *L'Instinct du stress. Choisir ou subir*, Fleuricourt Saint-Léonard (Québec), Éditions du Roseau, 1997.
- Marilou Bruchon-Schweitzer, Robert Dantzer et al., *Introduction à la psychologie de la santé*, Paris, Presses Universitaires de France, collection *Psychologie d'aujourd'hui*, 1994.
- Rosie Bruston, *De la méthode du docteur Vittoz à la psychologie des profondeurs*, Paris, Éditions EPI, 1975.
- Rosie Bruston, *Petit manuel de rééducation psychosensorielle en psychothérapie Vittoz*, Paris, Éditions EPI, Desclée de Brouwer, 1981.
- *Les Cahiers d'Anatomie Vivante* 1, *Le Rachis*, Masson, Monographies de Bois-Larris, 1982.
- Blandine Calais Germain et Andrée Lamotte, *Anatomie pour le mouvement*, vol. 2, *Bases d'exercices*, Méolans-Revel, DésIRIs, 1990.
- Dale Carnegie, *Comment dominer le stress et les soucis. Prenez la vie du bon côté !* (1984), trad. fr. par D. Weyne, Paris, Flammarion, 1994.
- Dominique Chalvin, *Faire face aux stress de la vie quotidienne*, Paris, Éditions ESF, 2e éd., 1985.
- Dominique Chalvin, *Les Nouveaux outils de l'analyse transactionnelle*, vol. 2, *Pour développer l'énergie des individus et des organisations*, Paris, ESF Éditeur, 6e éd., 1996.

- John Cleese et Robin Skynner, *Comment être un névrosé heureux* (1993), trad. fr. par C. Fort, Paris, Éditions Odile Jacob, 2001.
- Vernon Coleman, *Échec au stress* (1993), adaptation fr. par J. Brunet, Paris, Gründ, 1993.
- Mary Darst Corbett, *Yoga des yeux* (1962), adaptation fr. par R.-É. Longue, Verviers, Marabout, 1983.
- Dorothy Corkille Briggs, *Être soi-même* (1977), trad. fr. par Y. Steenhout, Montréal, Les Éditions de l'Homme, 1979.
- Annie Coste Forcade (éd.), *Oser la vie. Vittoz. 100 praticiens pour en témoigner*, Neuchâtel/Paris, Delachaux et Niestlé, 1991.
- Suzanne Dedet, *Relaxation psychosensorielle dans la psychothérapie Vittoz*, Paris, Éditions EPI, rééd. Vittoz IRDC, 1999.
- Roland Doron et Françoise Parot (éds.), *Dictionnaire de psychologie*, Paris, Presses Universitaires de France, 1991.
- Michael W. Eysenck (éd.), *The Blackwell Dictionary of Cognitive Psychology*, Oxford, Blackwell, 1990.
- Isabelle Filliozat, *L'Intelligence du cœur. Rudiments de grammaire émotionnelle*, Paris, Jean-Claude Lattès, 1997.
- Michel Gendrier, *L'Ergomotricité, le corps, le travail et la santé*, Grenoble, Presses Universitaires de Grenoble, 1995.
- Rodolphe Ghiglione et Jean-François Richard, *Cours de Psychologie*, vol. 1, *Origines et bases*, Paris, Dunod, 1992.
- Jo Godefroy, *Psychologie. Science humaine et science cognitive*, Bruxelles, Éditions De Boeck Université, collection *Ouvertures Psychologiques*, 2001.
- Aldous Huxley, *L'Art de voir*, Paris, Payot, collection *Bibliothèque scientifique, 1984.*
- I.A. Kapandji, *Physiologie articulaire, schémas commentés de mécanique humaine*, Paris, Maloine, 1979.
- Ariane Képler (collectif), *Formation et changement. Une expérience pilote*, Paris, Les Éditions d'Organisation, 1990.
- Antoine de La Garanderie, *Pédagogie des moyens d'apprendre. Les enseignants face aux profils pédagogiques*, Paris, Les Éditions du Centurion, 1982.
- René de Lassus, *Oser être soi-même. Les nouvelles techniques d'affirmation de soi*, Alleur, Marabout, collection *Savoir Pratique*, 1992.
- Richard S. Lazarus et S. Folkman, *Stress, Appraisal and Coping*, New York, Springer Publishing Company, 1984.
- François Lelord et Christophe André, *Comment gérer les personnalités difficiles*, Paris, Éditions Odile Jacob, 2000.
- Terry Looker et Olga Gregson, *Managing Stress*, Londres, Hodder Headline, 1997.
- Jacques-René Martin, *Comment prendre la parole en public*, Paris, Éditions Demos, 2000.

- Sarah McNamara, *Stress in Young People. What's New and What Can We Do ?*, Londres/New York, Continuum, 2000.
- Pat Milner et Stephen Palmer, *Integrative Stress Counselling. A Humanistic Problem-Focused Approach*, Londres/New York, *Stress Counselling Series*, 1998.
- Raymond Moody, *Guérissez par le rire* (1978), trad. fr. par M. Lesterlin, Paris, Éditions Robert Laffont, 1979.
- Isabelle Paulhan et Marc Bourgeois, *Stress et Coping. Les stratégies d'ajustement à l'adversité,* Paris, Presses Universitaires de France, collection *Nodules*, 1995.
- Bernard Raquin, *Rire pour vivre. Les bienfaits de l'humour sur notre santé et notre quotidien*, Saint-Jean-de-Braye, Éditions Dangles, 2000.
- Alain Rey (éd.), *Dictionnaire historique de la langue française*, Paris, Dictionnaires Le Robert, 3 vol., 2e éd., 1998.
- Michel Roy, *La Gymnastique invisible. Être bien dans son corps*, Paris, Amphora, 1999.
- Daniel Scherman, *La Biologie du stress*, Monaco, Éditions du Rocher, collection *Sciences et Découvertes*, 1987.
- Dean Schuyler, *A Practical Guide to Cognitive Therapy*, New York/Londres, Norton & Company, 1991.
- Jean-Louis Servan-Schreiber, *Contre le stress. Le nouvel art du temps*, Paris, Éditions Albin Michel, 2000.
- Jean-Benjamin Stora, *Le Stress*, Paris, Presses Universitaires de France, collection *Que sais-je ?*, 3e édition, 1997.
- Jean-Benjamin Stora, *Quand le corps prend la relève. Stress, traumatismes et maladies somatiques,* Paris, Éditions Odile Jacob, 1999.
- Roger Vittoz, *Le Traitement des psychonévroses par la rééducation du contrôle cérébral*, Paris, Éditions J.-B. Baillière, 1910, rééd. Neuchâtel, Desclée de Brouwer, 1993.
- Vittoz IRDC (collectif), *Vittoz & Pédagogie. Une méthode pour réussir ensemble, enseignants-élèves*, Lyon, Les Éditions de la Chronique Sociale, 1996.
- Vittoz IRDC (collectif), *Face aux ruptures de la vie. La méthode Vittoz, une réponse possible,* Lyon, Les Éditions de la Chronique Sociale, 2001.

Éditions Demos

Les Éditions Demos, en créant des collections destinées à tous ceux qui sont impliqués dans la vie professionnelle, prolongent les activités du groupe Demos, dont le savoir-faire en formation est reconnu depuis 30 années avec plus de 200 000 personnes formées à ce jour.

MANAGEMENT/RESSOURCES HUMAINES
- *Comment devenir formateur occasionnel*, Béatrice Dameron
- *Comment réussir les entretiens annuels d'évaluation*, Patricia Joly-Pierrefeu
- *Les Outils du manager*, Bertrand Poulet
- *Comment réussir son plan de formation*, Annick Saint-Sauveur
- *Formation professionnelle : réglementation et nouveau paysage*, Jean-Pierre Willems
- *Savoir former*, bilan et perspectives des recherches sur l'acquisition et la transmission des savoirs, Collectif
- *La Communication appliquée aux organisations et à la formation*, Collectif
- *Le Management aujourd'hui*, Collectif
- *La Conduite de réunion*, Bertrand Poulet
- *La Conduite humaine du changement*, Thierry Chavel
- *Savoirs et compétences en éducation, formation et organisation*, Collectif
- *Comment manager un projet*, Jean-Jacques Néré
- *Changement et innovation en formation et organisation*, Collectif
- *Compétences et performances : une alliance réussie*, Claude Flück
- *Le Coaching démystifié*, Thierry Chavel
- *Devenir Manager*, Jean-Jacques Néré

MARKETING/ACTION COMMERCIALE
- *Comment réussir vos mailings*, Xavier Lucron
- *Savoir négocier pour mieux vendre*, Hassan Souni
- *Le Marketing-Prix*, Michel Hugues

COMMUNICATION
- *Maîtriser ses écrits professionnels*, Dominique Berthod et Andrée Plot
- *Le Temps maîtrisé*, Josette Dubost
- *Savoir lire, vite, bien..., avec plaisir*, Pauline Bel
- *Se préparer au secrétariat de demain*, A. Broilliard, P. Clairay et P. Joly-Pierrefeu

COMPTABILITÉ ET FINANCES
- *Les Basics de la comptabilité*, Édith Fritz
- *Principes et outils de gestion*, Sabine Marem
- *Gestion financière : analyse et décisions*, Alain Coulaud
- *Maîtriser les règlements à l'export*, Jean Hesbert
- *Les Comptes consolidés*, Benoît Lebrun

SANTÉ
- *Vers une santé citoyenne*, Claire Brossier

QUALITÉ
- *Réussir le passage à la version 2000 de la norme ISO 9001*, Henri Mitonneau

COLLECTIVITÉS TERRITORIALES
- *Décisions administratives : voies de recours et droits du citoyen*, Laurent Pascal
- *Élus et marchés publics*, Valérie Fèvre-Pelée de Saint Maurice

ENVIRONNEMENT
- *Pollution de l'environnement, risques et responsabilités*, Solange Viger

DES FICHES POUR AGIR
- *L'Accréditation hospitalière*, Daniel Fromentin et Laurent Benaïoun
- *Le Best of du secrétariat*, Anne Broilliard, Karine David, Florence Farelle

« LES PRATIQUES DEMOS »
- *Vivre l'euro*, Benoît Lebrun
- *Se réconcilier avec l'orthographe*, Bernard Fripiat
- *Valider les compétences avec les NVQ's*, Maureen Layte et Serge Ravet
- *Comment entrer dans la fonction publique territoriale*, Anne Jauffret et Frédéric Sourdel
- *Réussir son bilan de compétences*, Yves Bayard
- *Comment prendre la parole en public*, Jacques-René Martin
- *Gérer avec succès sa recherche d'emploi*, Christian Malécot
- *Bien réussir ses recrutements*, Françoise Petit
- *S'entraîner à réussir tous les tests*, Pierre Simon
- *Le Relationnel utile*, Sylvie Lainé
- *La Communication événementielle*, Arnauld du Moulin de Labarthète
- *Être européen aujourd'hui*, Laurence d'Andlau
- *Optimisez votre investissement salon*, Xavier Lucron
- *Comment devenir une cybersecrétaire*, Karine David et Camille Syren
- *Le Guide du savoir-faire au téléphone*, Patricia Richard-Postal
- *Dynamisez votre culture générale*, Pierre Simon

Imprimerie France Quercy - 46001 Cahors
N° d'impression : 20098
Dépôt légal : février 2002